校長の仕事

子どもと教職員の
笑顔のための学校づくり

水野雅友

学事出版

まえがき

2校5年間の校長職がまもなく終わる。地震、台風、猛暑そしてコロナ禍と危機管理に追われる一方、新学習指導要領の完全実施を迎えるなど疾風怒濤の日々であった。その中で大切にしたことは「教職員が笑顔で出勤すること」であり、自らもそれを実践した。授業改善や指導力向上を叫んでみても、教員が笑顔で教壇に立たなければ土台から崩れてしまう。幸い私は、すばらしい教職員に恵まれ、校長在職中、現在まで病気休職者を出さずに教育活動を推進することができた。しかめっ面の校長ではいけない。校長自らが笑顔を忘れないことを願う。

これは、定年退職が目前となった頃に、大阪府の小学校長会から「先輩校長から」と題して原稿を依頼されて書いたもので、後日、広報誌に掲載された。私が後輩校長への願いの気持ちを述べたものである。

私は、１９８４（昭和59）年に大阪府高槻市立中学校に理科の教諭として採用され、高槻市内の5校の小・中学校にて教諭として勤務の後、高槻市教育委員会事務局で10年間、２０１６（平成28）年度からは高槻市立小学校2校で校長として勤務し、２０２１（令和３）年3月に定年退職した。

校長として勤務した間の２０１８（平成30）年には、大阪北部地震と台風21号による災害に見舞われ、令和2年以降は新型コロナウイルス感染症感染拡大への対応など、今までに経験したことのない危機対応に迫られた。そして、教育内容においても、新学習指導要領への移行期間が始まり、全面実施の準備等に取り組まねばならない時期であった。

しかし、素晴らしい教職員に囲まれ、笑顔で校長職を全うすることができた。中でも、私が校長を務めた5年間は、勤務した学校で精神的な疾患により新たに病気休暇や休職に至る教員がゼロであったことが、私にとっては何よりも嬉しいことであった。毎年、年度末を迎えるたびに、教職員とともにこのことを喜び、教職員への感謝の気持ちを伝えてきた。

退職後、このことをお世話になった先輩方に話したところ、それはなかなかできることではないとの言葉をいただいた。私自身の感覚として、特に何か特別なことをしたわけではなかったが、結果として、私が校長として取り組んだことが、教職員のメンタルヘルスに貢献した点があったのならば、これからの校長先生方の参考になることがあるのではないかという思いで、校長として最後に勤務した小学校での私の経験を中心に、ほぼ1年間をかけて少しずつ書き留めてきたものが本書である。

校長になって間もない方や、現在、教頭として活躍されておられる方に本書をお読みいただいて、参考にしていただければ幸いである。また、現在、児童生徒と向きあっておられる教員をはじめ、学校を職場としておられる方、そして、これから教員を目指す方にも、「校長の仕事」や「学校のしくみ」の一端を理解する上で活用していただければありがたい。

なお、本書は、「学校」をテーマとはしているが、「授業改善」や「カリキュラムマネジメント」、「主体的、対話的で深い学び」といった教育内容にはほとんど触れていない。校長としてこれらに取り組まなかったわけではなかったが、これらについては他の先達の方々に筆を譲りたい。

目次

第1章

学校の教職員

校長

「校長が変われば学校が変わる」という言葉をよく聞く。言い方を変えれば、「学校が良くなるのも悪くなるのも校長次第」と聞こえなくもない。教職員にとって、気持ちよく働けるかどうかは校長次第なのであろう。最初に、校長とはどのようなものかを簡単に説明しておくことにする。

小学校の校長として勤務していると、年に数回、児童が生活科や総合的な学習の時間の取り組みとして、数人のグループで校長室にやって来ることがある。キャリア教育の一環として、「学校で働いている人」を調べるといった内容である。2年生が来ることもあれば、5年生が来ることもあるが、私は笑顔で児童を出迎えて、来客用のソファーに座らせて、質問を受ける。「校長先生の好きな食べ物は何ですか」「校長先生は、何時に学校に来て、何時に家に帰りますか」という質問もあるが、担任の教員から熱心な指導を受けてきた児童からは必ず、「校長先生は校長室で何をしているのですか」という質問が飛び出す。

2年生と5年生では発達段階が異なるため、答え方は少し変えなければならないが、私は概ね次のように答えていた。「皆さんや先生方が毎日、安心・安全に楽しく学校生活が送れるようにするためにいろいろなことをしています」と。ところがその後、「例えば……」と具体的な質問が飛んできて、なかなか苦しい答弁を求められる。これがグループごとに入れ代わりやって来るのだから、なかなか厳しい。校長の仕事を児童にわかりやすく説明するのは難しいものである。

児童にとって、担任の先生は授業をすることが仕事であり、児童の帰宅後は翌日の授業の準備や会議をしたり、研修を受けたりして勉強していると説明をすればすぐわかってくれる。給食調理員さんは、給食を作って後片付けをする。校務員さんは、学校の中の施設・設備の修繕や、環境整備をする。警備員さんは、門を開閉してお客さんに対応し、正門で不審者が入ってこないか見張っている。教頭も、職員室という比較的児童の目に触れる場所にいて、いろいろな人と電話をしたり、パソコンに向かっていたり、印刷室で印刷をしたり、時には担任の代わりに教室で授業をしてくれるときもあるため、なんとなく児童にもわかる。しかし、校長となると、なかなかそうはいかない。

私が一日の中で児童と接していたのは、運動会や修学旅行等の学校行事の場合を除くと、朝の登校時と夕方の下校時、給食の時間に牛乳置き場付近で当番の児童を見守っているとき、各教室や運動場等を回って授業や休み時間の様子を見るとき、そして月に１回程度の全校集会のときくらいであるので、それ以外の時間は、授業もないのに、校長室で何をしているのか不思議に思うのは当然であろう。これは、児童だけではなく、担任の先生や保護者、一般市民にとっても、同じ感覚なのではないだろうか。

校長は学校に必ずいるわけであるが、それには法的根拠がある。学校教育法第37条には「小学校には、校長、教頭、教諭、養護教諭及び事務職員を置かなければならない（第1項）」と規定されている。条文では「小学校には」となっているが、中学校についても、学校教育法第49条において、学校教育法第37条を準用すると定められているため、基本的に小学校も中学校も同様である。そして、校長の仕事として、同法第37条第4項に「校長は、校務をつかさどり、所属職員を監督する」と定められており、これが校長の職務の法的根拠である。

前半の「校長は、校務をつかさどり」の「校務」とは何か。これがまた幅広い。ものの本には、「学校の仕事全体」「学校運営上必要な一切の仕事」「学校運営に必要なすべての仕事」などと記載されていて、一般に「4管理」、つまり、①教育の管理、②施設の管理、③人事の管理、④事務の管理の四つを指すものと言われている。具体的に、①の教育の管理とは、学校において教育課程に基づき適切に学習指導が行われており、「いじめ防止」

等をはじめとする生徒指導や学級運営が適切に実施されているかどうかを管理すること、②の施設の管理とは、学校にある校舎をはじめ、各施設や教材・教具等の備品を管理すること、③の人事の管理は、文字どおり学校に所属する教職員の出退勤状況や服務規律を管理するとともに、働きやすい職場環境を整えること、そして④の事務の管理は、学校予算や保護者からの徴収金である給食費や教材費等の適切な管理・執行、教育委員会等との事務手続きの管理をすることであり、「4管理」はまさに学校の仕事全体といえる。

他にＰＴＡや地域、企業等との連携も重視されており、これらを「渉外」として新たな項目とする考えもあるが、私はその内容によって①〜④のいずれかに属すると考えている。

校長は、これらの校務を「つかさどる」わけである。「つかさどる」とは、単に「職務として担当する」という意味もあるが、ここでは「管理する、統括する」という意味が強い。

ところで、学校教育法第37条では、第11項で「教諭は、児童の教育をつかさどる」、第12項で「養護教諭は、児童の養護をつかさどる」、第13項で「栄養教諭は、児童の栄養の指導及び管理をつかさどる」、第14項で「事務職員は、事務をつかさどる」と定められている。学級担任を務め、授業を行う「教諭」は、法により児童の教育を「つかさどる」と規定されているため、かつては、教諭が教室で行う教育に対して、校長の教育を管理する権限が及ぶか及ばないかという論議がなされていたことがあると聞いたことがある。現在では、学校で行われる教育活動は、学習指導要領に基づき各学校の教育課程により実施されるものであるため、このような論議はまずないが、しかし、実際に児童に対して教育をつかさどるのは校長ではなく教諭であるため、いかに教諭の指導力の向上が重要であるかは言うまでもない。

少し余談ではあるが、学校教育法は１９４７（昭和22）年に制定され、現在までに30回以上も改正されてきている。制定当時の旧法では、第28条において「小学校には、校長、教諭、養護教諭及び事務職員を置かなければならない。但し、特別の事情のある時は、事務職員を置かないことができる」とされ、続いて、「校長は校務を掌り所属職員を監督する。教諭は児童の教育を掌る。養護教諭は児童の養護を掌る。事務職員は事務に従事する。」と規定されていた。旧法では「つかさどる」は「掌る」と漢字で表記され、「教頭」の文言はなかった。事務職員については、現行法でも特別の事情のあるときは事務職員を置かないことができるとはなっているが、旧法では「事務に従事する」とされ、現行法の「事務をつかさどる」とは規定されていなかった。現在からみれば隔世の感があり、今の学校では事務職員が学校の中の唯一の「行政職」として、学校運営に参画して、大きく貢献している。

さて、校長の役割について、現行の学校教育法第37条第４項に話を戻すが、後半の「職員を監督する」とはどういうことか。これは一般に「２監督」と言われており、所属職員に対する①職務上の監督（公的部分の監督）と②身分上の監督（私的部分の監督）である。公立学校で勤務する教職員のうち、警備員や清掃員等のごく一部の民間企業から派遣されてくる職員以外には、地方公務員法（地公法）に定められている「職務上の義務」と「身分上の義務」が課せられているため、それぞれの義務を所属職員が果たしているかを監督するという意味である。

職務上の義務とは「服務の宣誓」（地方公務員法第31条）、「法令等及び上司の職務上の命令に従う義務」（地方公務員法第32条）、の２点で、職務に従事している間に遵守すべき義務である。身分上の義務とは「信用失墜行為の禁止」（地方公務員法第33条）、「秘密を守る義務」（地方公務員法第34条）、「政治的行為の制限」（地方公務員法第36条）、「争議行為の禁止」（地方公務員法第37条）、「営利企業等の従事制限」（地方公務員法第38条）の五つであり、これは勤務時間外や休暇中も含めて課せられる義務である。中には「秘密を守る義務」のように「その職を退いた後も、また、同様とする」と退職後まで規定されているものや、「営利企業等の従事制限」のように別の法律（教育公務員特例法）により一定の条件下で教員には認められるものもある。なお、以前は、非常勤の職員（非常勤講師等）については、地公法の適用外であったが、現在は「会計年度任用職員」として地公法が適用されるようになっている。

以上述べたように、「4管理・2監督」が校長の仕事であるわけで、その業務は勤務時間の内外を問わず、広範囲にわたっている。したがって、学校管理下で安全配慮義務を怠り、事故が発生し、職員が信用失墜行為の非違行為を犯した場合は、その態様により校長が管理監督責任を問われることになるのである。

教頭

校長の役割については、先ほど述べたとおりだが、校長は学校に1人であり、所属する教職員は多ければ100人を超える場合もある。現行学校教育法では第37条において、校長を助ける職を二つ規定している。一つは副校長であり、もう一つは教頭である。副校長は2007（平成19）年の学校教育法の一部改正で新設されたもので、「校長を助け、命を受けて校務をつかさどる」と規定されている。一方、教頭についてはなかなか複雑で、文部科学省の『学制１２０年史』によると、明治時代から学校に置かれていたといわれている。

まず、１９５７（昭和32）年の学校教育法施行規則の一部改正により、学校には特別の事情のあるときを除き、教頭を置くものとし、教頭は教諭をもってあて、その職務としては校長を助け、校務を整理する旨の規定が新設された。しかし、この「あてる」の意義が必ずしも明確でなく、公立学校の場合、教頭は独立の職ではなく、教諭に「教頭」という特別の職務を付加する一種の職務命令として取り扱われたため、教頭選任の際に、職員団体に介入の口実を与えるとともに、その取り扱いが服務監督権者である市町村教育委員会によって異なり、身分の安定が期待できないという問題があった。そこで、教頭をその地位と職務内容に応じて、教諭とは別の独立した職として法律上明確に位置付けようとする「教頭法制化」が検討され、１９７４（昭和49）年に学校教育法の一部を改正する法律の施行によって、初めて「教頭」職が成立したと記載されている。

現行学校教育法では第2項に「第1項の規定にかかわらず、副校長を置くときその他特別の事情のあるときは教頭を、養護をつかさどる主幹教諭を置くときは養護教諭を、特別の事情のあるときは事務職員を、それぞれ置かないことができる」とあり、必置ではないと読み取れる。しかし、第37条第7項において「教頭は、校長を助け、校務を整理し、及び必要に応じ児童生徒の教育をつかさどる」、第8項において「校長に事故あるときはその職務を代理し、校長が欠けたときはその職務を行う」と規定されており、実際には副校長が配置されている学校を除いて、教頭が配置されていない学校は、ほぼないのではないだろうか。私が勤務していた学校では副校長は配置されておらず、副校長は複数の学科や課程、部を置く高等学校や、特別支援学校などの大規模な学校に配置されているようである。

教頭の役割のうち、「校長を助け」とは、先に述べた校長の職務全体に及ぶが、「校務を整理する」とは、校長の学校経営が円滑に行われるようにすることである。具体的には、教頭が常にさまざまな情報を収集し、それを適切に校長に提供することが校長の意思決定に大きく役立つ。また、教頭が日頃から各教職員とのコミュニケーションを取り、教職員の意見を聞き、教職員の意見をまとめておくこと、ＰＴＡをはじめ、地域コミュニティ等の団体役員との窓口として連携をしておいてくれることは、校長の学校運営を推進する上で大きな力、つまり「助け」となる。

教頭の業務は、学校教育法で「教頭は、校長を助け、校務を整理し、及び必要に応じ児童の教育をつかさどる」と定められているとおり、非常に幅広く、教頭は「職員室の担任」と呼ばれることがある。実際、多くの教員が教頭に授業についての質問をしてくるし、自分の学級の児童や保護者のことについても相談してくる。また、児童がケガをしたり、児童間でトラブルがあったりした場合も報告してくる。

これらに対して、教頭は適切に指導助言を行うとともに、教職員間で意見が食い違う場面があれば、教頭が間に入り、事情を聴いて話をまとめる。少し元気がない教職員には、教頭が声を掛ける。教職員の休暇等の電話はたいてい教頭が受け、学級担任が休暇を取得する場合は、担任を代行する教員を調整し、場合によっては「必要に応じ児童生徒の教育をつかさどる」という法律に基づいて、授業を代行する。また、担任の休暇が長期に及ぶ場合は、通常は代替講師が派遣されることになっているが、それまでの期間や代替講師が見つからなかった場合は、教頭自らが「担任代行」を行う場合もある。何らかの理由で教室に入れない（入らない）児童がいると連絡が入れば、とりあえず教頭が駆けつけて、別室でその児童を落ち着かせ、じっくりと話を聞くなどの対応をすることも多い。

このような業務をしながら、教頭は学校に備えるべき表簿類を整理し、市町村や教育委員会等から多数発せられる文書の整理、調査物への回答や、教職員の出退勤や休暇・出張等の管理、転出入児童等の事務処理、PTA・外部ボランティア等や地域関係諸団体との連携事務をこなしているのである。保護者や地域住民からの要望や苦情等があれば、まずは教頭が話を聞くが、時には長時間の電話になることも多い。

これらの業務は、校長も担うことができ、私も教頭に負荷がかかりすぎないように配慮してきたが、多くの教頭は進んでこれらの業務に取り組んでいる。教頭の業務負荷が極めて大きいことは、文部科学省が行った教員勤務実態調査の結果において、小・中学校ともに、教頭が最も勤務時間が長いという結果が出ていることでも明らかである。

多くの公立小・中学校では、校長1人、教頭1人である。特別な大規模校や、施設一体型の義務教育学校（小中一貫校）でない限り、副校長や、教頭が2人配置されるということもないだろう。したがって、学校の中では、この2名のみが「管理職」となる。

いわゆる「なべぶた型」組織であるため、かつては、教育委員会や校長が、何か新しい方針や施策などを打ち出したときに、現場の教職員の了解や同意を得るのが困難で、「管理職」対「教職員」という対立の構図が生まれる場合があった。もちろん、了解や同意を得ようが得まいが、推し進めればよいことではあるが、「授業をつかさどる」のが教員である以上、丁寧な説明と意思の共有を得なければ、新しい方針や施策が活きてこないし、効果も期待できない。

校長としては、このような場合の丁寧な説明と意思の共有を教頭に委ねたいところであるが、特に、教諭から教頭になり、まだ年数が浅かったり、若手であったりする教頭は、気持ちの中に「管理職としてのスタンス」と「教諭としてのスタンス」が共存しているようである。そうすると、時に自分よりも年上で経験も豊かなベテラン教職員を強引に抑え込もうとしたり、逆に若手教職員から突き上げられたりして、校長と教職員との板挟みになり、精神的にも肉体的にも疲弊してしまうケースが起こり得る。

私の経験ではそのようなことはなかったが、仮にそのような場面になりそうであったら、教頭に苦しい思いをさせることは絶対に避けなければならないし、自分が矢面に立つこともあろうと思う。なぜならば、職員室の担任たる教頭と教職員の関係が崩れると、「学級崩壊」ならぬ「職員室崩壊」に陥り、教職員集団が機能しなくなり、教育の推進どころではなくなるからである。

校長・教頭になるには

ところで、校長室を訪れた児童から「どうして校長先生になったのですか」「どうしたら校長先生になれるのですか」という質問を受けることがある。素朴な質問であるが、これは一般の方にもよくわからない点であろうと思うので、簡単に説明しておこうと思う。

一般には、教諭として一定期間勤務し、教頭選考を受験して合格後、教頭となる。その後、校長選考を受験して校長となるパターンが一番多い。養護教諭や栄養教諭、事務職員も、教諭と同様に教頭、校長を目指すことができる。最近は、後述する「主幹教諭（大阪府では「首席」と呼ぶ）」や「指導教諭」から教頭選考を受験することも多い。また、教諭、主幹教諭、指導教諭等から、教頭選考または指導主事選考を受験し、合格して市町村教育委員会や都道府県教育委員会の事務局で指導主事等として勤務し、そこで校長選考を受験して合格した後に、校長として学校に戻るというパターンもある。

実は私もそのパターンで、教諭のときに教頭選考を受験したが、合格後は教頭ではなく、市教育委員会に10年間勤務、その間に校長選考を受験して校長として学校に戻った。そのため、私は教頭として学校で勤務した経験はない。教頭選考、指導主事選考、校長選考をまとめて「管理職選考」と呼んでおり、都道府県教育委員会や政令指定都市教育委員会等が実施する。受験するにあたっては、本人が自ら受験を希望する場合もあるが、多くは所属校の校長からの声掛けや推薦等によって受験することが多いと思う。近年は、校長、教頭の資格要件が緩和されたこともあり、人数は少ないものの、教員免許状を持たず、教育に関する職に就いた経験がない、いわゆる「民間人校長」「民間人教頭」も活躍されている。

私は、校長として勤務した間、計４名の優秀な教頭と過ごすことができ、支えてもらいながら苦難と喜びを共にすることができた。私が教諭時代に先輩であった年上のベテラン教頭、他の市から人事交流で来られた教頭、教育委員会での勤務経験がありＩＣＴの操作に長けている教頭、前年度末まで教諭であった新任教頭とさまざまであったが、皆、十分に教頭としての職務を果たしていただいた。

現在、教諭等として日々児童に向き合っておられる方が「教頭になってみる気はないか」などと校長から声を掛けられたとしたら、ぜひ前向きに検討してほしいと思う。校長は任せられない者には任せようとしないと考えるからである。自分では教頭選考に合格する自信もないし、教頭なんて向いていないと感じていても、教頭の椅子に座ったら、適切に業務をこなす人材であることを、校長は長い経験の中で見抜いているはずである。校長も教頭も、各学校に1人しか配置されないため、やりたいと思ったときに誰もができるわけではない。

主幹教諭と指導教諭

2007(平成19)年の学校教育法の一部改正により、「主幹教諭」と「指導教諭」という職が新設された。現行学校教育法第37条第2項においては、「小学校には、前項に規定するもののほか、副校長、主幹教諭、指導教諭、栄養教諭その他必要な職員を置くことができる」とあり、第9項で「主幹教諭は、校長(副校長を置く小学校にあっては、校長及び副校長)及び教頭を助け、命を受けて校務の一部を整理し、並びに児童の教育をつかさどる」、第10項では「指導教諭は、児童の教育をつかさどり、並びに教諭その他の職員に対して、教育指導の改善及び充実のために必要な指導及び助言を行う」と定められている。

主幹教諭(大阪府では「首席」と呼ぶ)と指導教諭は、管理職ではないが、教諭、養護教諭、栄養教諭の中から選考により任用され、配置されたそれぞれの学校で中核教員として活躍している。とりわけ主幹教諭は、「教頭を助け」「校務の一部を整理し」とあるとおり、職務として教頭の職務負担を軽減することが定められている。大阪府では、主幹教諭（首席）の配置校には、週10時間勤務の非常勤講師が配置され、主幹教諭（首席）の授業の担当時間数が週に10時間程度軽減されることになっており、主幹教諭（首席）が業務に専念するための措置が取られている。

一方、指導教諭は、授業担当時間数の軽減こそないが、それぞれの卓越した指導上の専門性（これは国語、算数、道徳といった教科の場合や、特別支援教育、人権教育、図書館教育といった領域の場合がある）に応じて、校内に限らず市全体の教員の指導力向上に貢献することになっている。

なお、後述する養護教諭、栄養教諭から指導教諭に任用された場合は、それぞれ「指導養護教諭」「指導栄養教諭」として、校内はもちろん、市内の養護教諭、栄養教諭のリーダー的立場で活躍している。

私の勤務していた学校にも優秀な主幹教諭（首席）と指導教諭が配置されており、主幹教諭（首席）は教頭の指示を受けて校務の整理に活躍するとともに、校内研究の推進や、教育活動を円滑にするためのさまざまな取り組みを行っていた。指導教諭は、それぞれの専門に応じて校内で進んで研究授業を行い、新規採用者をはじめとする経験の少ない教員への指導助言や、市や府、近隣地域の教員による研究組織の役員等として授業改善や指導力向上の推進に活躍していた。

このように、主幹教諭（首席）と指導教諭が配置されれば、学校運営と教育の質の向上において大きな効果が期待できるところであるが、残念ながら現時点ではすべての学校には配置されていない。

教諭

小学校における「担任の先生」や「音楽や理科などの専科の先生」の多くは教諭である。教諭は学校教育法第37条第11項で「教諭は、児童の教育をつかさどる」と明記された職であり、学校の教職員全体の中で大多数を占めている。児童の教育をつかさどるのであるから、学習指導、評価、生活指導、学級経営など全般を担い、児童に対して直接指導を行う。また、運動会、学習発表会、遠足、修学旅行等の学校行事を計画して運営するのも教諭の仕事である。

教諭になるには、大学等で学校種別や教科等に応じた教員免許状を取得するために必要な単位を取得し、都道府県教育委員会に申請して教員免許状を取得した上で、一般に都道府県または政令指定都市が実施する教員採用試験を受験して合格する必要がある。教員を目指す学生は、卒業する最終学年の在学中に教員採用試験を教員免許状取得見込みという条件付きで受験し、合格後、卒業と同時に教員免許状が交付されて、４月１日から晴れて教諭として採用されることになる。

したがって、教員採用試験に合格しても、必要な単位が取得できず、教員免許状が取得できない場合は教諭として採用されない。また、教員免許状には二種、一種、専修の３種類があり、それぞれの教員免許状を取得するための必要な単位の取得と、二種免許状であれば「短期大学士」、一種免許状であれば「学士」、専修免許状であれば「修士」の学位を有することが必要であるため、教員免許状取得のための必要単位は取得できていたとしても、大学等を卒業することができない場合は、教員免許状が授与されず、やはり教諭として採用されない。

講師

多くの小・中学校には講師が配置されている。講師は、教員が出産休暇中や育児休業中であったり、病気休暇や休職を取得したり、大学院等での長期自主研修等に参加する間の代替教員として配置される「代替講師」と、本来教諭を配置すべきだが、人数が不足しているために配置される「定数内（欠員補充）講師」に大きく分けられる。

学校教育法第37条には「小学校には、校長、教頭、教諭、養護教諭及び事務職員を置かなければならない」と定められていることはすでに述べた。同条第2項では「小学校には、前項に規定するもののほか、副校長、主幹教諭、指導教諭、栄養教諭その他必要な職員を置くことができる」とされており、「講師」の文言はない。しかし同条第16項に「講師は、教諭又は助教諭に準ずる職務に従事する」と明記されている。法的には必置ではない「その他必要な職員」である講師がなぜ多くの学校に配置されているのかは後述するとして、実際には、多くの学校において講師が「教諭」と同じか、場合によっては教諭以上の重要な職務に従事し活躍している。講師は、その校種や教科に応じた教員免許状を所有しており、欠員に応じて臨時的に任用される教員であるが、児童生徒や保護者にとっては、教諭と同じく「先生」であり、学校で勤務する教職員間で教諭と講師を区別することもない。

私が勤務してきた学校でも多くの講師が勤務し、共に働いてきたが、経験や指導力の点を見ても教諭以上の力量を持つ者も多く、大いに活躍される講師を多く見てきた。しかし、従事する職務に差はなくても、給与面では教諭とは差がつけられており、原則として単年度ごとの任用である。複数年にわたって同一校に勤務する例もあるが、待遇面で改善を望むところである。

養護教諭、栄養教諭、事務職員

・**養護教諭**

養護教諭というのは、いわゆる保健室の先生である。前述のとおり、学校教育法第37条第12項で「養護教諭は、児童の養護をつかさどる」とされ、通常は保健室にて、児童生徒のケガや体調不良についての処置を行い、必要に応じて保護者に連絡して迎えを依頼したり、医療機関に当該児童生徒を引率して受診させたりするという業務が一般に知られている。しかし、学校保健に関する計画に基づき、児童生徒の身長・体重等の発育測定、視力・聴力等の検査を行い、学校医や学校歯科医による内科、歯科等の検診の準備と実施、また、学校薬剤師による水質をはじめとするさまざまな環境衛生検査も実施している。また、児童生徒や保護者向けに「保健室だより」等を発行して、季節に応じて、健康・安全に対する注意喚起を行っている。

特に、近年は熱中症の危険性が高い猛暑も多く、インフルエンザやノロウイルスによる感染性胃腸炎の流行時には、欠席児童数により学級閉鎖や学年閉鎖という臨時休業を行うことになるため、養護教諭は本当に気の休まるときがない。新型コロナウイルス感染症禍では、マスクを忘れた児童へのマスクの貸し出しや、校舎内の消毒作業などの準備は養護教諭が進めている。

さらに、養護教諭の役割の一例として、不登校の児童生徒や登校しても教室に入ることができない別室登校や保健室登校などの児童生徒への対応がある。不登校児童生徒への対応は、担任や養護教諭だけが担うものではなく、「いじめ・不登校対策委員会」等の学校組織で対応するべきものではあるが、実際には、保健室に登校してくる児童や養護教諭に相談している児童、保護者への対応を養護教諭が担っているケースも多い。

私の勤務していた学校でも、養護教諭がカウンセリングを行うなど丁寧に対応することによって、児童生徒や保護者の安心や心の安定につながり、結果として教室への登校ができるようになった例も多かった。私は教頭と共に、養護教諭の過度な負担にならないようにできるだけ配慮していた。特に、保健室で検診等が行われる場合や、明らかに感染症と思われる児童が在室しているような場合は、保健室登校の児童と保護者に丁寧に説明の上、一時的に別室に移すことなども行ってきた。

さらに養護教諭に期待する役割の一つとして「児童虐待」の早期発見がある。「児童虐待の防止等に関する法律」が２０００（平成12）年に成立し、その第5条には、「学校、学校の教職員、その他児童の福祉に職務上関係のある者は、児童虐待を発見しやすい立場にあることを自覚し、児童虐待の早期発見に努めなければならない（一部省略）」と明記されている。特に小学校においては、児童の発達段階もあり、担任の教員に児童自らが被虐待の状況を訴えることもあるが、保健室で養護教諭に対して訴えることが多く、また、ケガの手当てに保健室に来室した児童を観察する中で、明らかにそのケガの状態と児童の説明内容に齟齬が生じたり、体にアザや傷跡を発見したりして、児童に話を聞く中で被虐待の状況を発見する例も多い。また、定期的に実施される発育測定の結果に基づき、食事の状況などを推し量ることもできる。児童虐待の可能性がある場合は早急に、校長、教頭、学級担任を含む校内組織にて共有し、校長より市の子育て総合支援センターや児童相談所に通告することによって、関係機関と連携して対応し、最終的に児童の一時保護に至るケースもある。

・栄養教諭

栄養教諭は、2004(平成16)年の学校教育法の一部改正と、2005(平成17)年に学校における「食」に関する指導体制の要として新設された比較的新しい職である。現行学校教育法第37条第13項では「栄養教諭は、児童の栄養の指導及び管理をつかさどる」と、その役割が定められている。ただし、主幹教諭(首席)や指導教諭と同様、学校教育法第37条第2項において「学校に置くことができる」職員であり、養護教諭と異なり、全校に配置されているわけではない。

業務としては、大きく「食に関する指導」と「学校給食の管理」に分けられる。「食」に関する指導では、食に関する指導計画に基づき、学級活動、教科、学校行事等の時間に、学級担任等と連携して指導を行う。また、肥満、偏食、食物アレルギーなどの児童生徒に対する個別指導を行い、他の教職員や家庭・地域と連携した食に関する指導を推進するための連絡・調整を行っている。「学校給食の管理」については、給食の献立に係る栄養管理、給食調理場の衛生管理や物資や喫食数の管理等に従事している。私が勤務した学校は給食調理場が敷地内にある、いわゆる「自校調理方式」の学校であったが、たとえ給食調理場があっても、必ずしも栄養教諭が配置されるとは限らない。

私は、栄養教諭が配置された学校と配置されていない学校の両方で勤務した経験があるが、栄養教諭が配置されていなくても「食に関する指導計画」に基づき、食に関する指導を行い、給食調理場で安心・安全な給食を毎日提供しなければならない。また、食に関する指導や、児童の転出入や学校行事による給食の食数の増減に係る事務、食物アレルギーのある児童への除去食の手配などの学校給食の管理を他の教員が担わなければならない。こうしたことから、栄養教諭の全校配置が望まれる。

・事務職員

事務職員は、学校における唯一の行政職であり、学校における事務全般を担っている。具体的には業務内容は、学籍の取り扱い（児童・生徒の入学・卒業、転出入に係る事務）、教科書の支給に係る事務、文書の受付、発送等の事務、公費配当予算の計画・執行事務、保護者からの徴収金である給食費・教材費等の計画・執行に係る事務、就学援助費に係る事務、教職員の給与、旅費の支給、人事記録、共済組合等福利厚生に関する事務等である。

先にも述べたが、2017（平成29）年の学校教育法の改正により、事務職員の職務が「事務職員は、事務に従事する」から「事務職員は、事務をつかさどる」に改正され、事務職員が一定の責任を持って処理することができるようになった。これは、教育課題が複雑化、困難化する中、学校がこうした課題に適切に対応していくために、指導、運営体制を強化するとともに、地域住民との連携、協働を含めた学校運営の改善を図るためとされている。これまで校長、教頭や教員が担ってきた各種調査の対応や予算の編成、執行などの事務や取りまとめ、確認作業等の細かな対応を総務や財務に通じた事務職員が対応することにより、管理職がマネジメント業務に注力し、教員が児童に向き合う時間を確保しようとするものであった。事実、私が教諭時代に担当していた事務のいくつかは、現在では事務職員が担っており、その分、教員が児童と向き合う時間や授業の準備をする時間の確保に役立っている。

学校事務職員の人数は、その学校の規模、通常は学級数により決まっており、私が校長として勤務した学校では、1名ないし2名であったが、事務職員への責任、負担が重くならないよう常に留意してきた。

なお、事務職員特有のものとして、職階がある、採用されたときの職名は「主事」であるが、昇任試験等により「副主査」「主査」「主幹」等の職階が存在し、それぞれの職階に応じた業務を担っている。

ここまで、養護教諭、栄養教諭、事務職員について述べてきたが、大規模校であれば複数配置もあるが、多くの学校では、養護教諭と事務職員は１人配置で、栄養教諭は配置されない学校も多い。多くは「一人職」であるため、校内で職務内容を相談したり、共有したりする同僚がいない。

あわせて、校長、教頭も多くが教諭出身者であることから、専門的な内容について具体的に指導・助言しにくいのが現実である。私が勤務していた市では、各校の養護教諭、栄養教諭、事務職員がそれぞれ集まって活動する組織が活発に機能していた。これらの職員がそれぞれの組織に参加して横の連携が行いやすいように配慮するとともに、課題を１人で抱え込むことのないように常に声を掛け、校長や教頭が詳しくないと思われる内容についても遠慮なく相談や質問をするように伝えてきた。そして、養護教諭、栄養教諭、事務職員から業務に関係する相談を受けたときには、教育委員会の所管課に問い合わせたり、人数は少なかったが、他校の養護教諭、栄養教諭、事務職員出身の校長等に問い合わせたりもしていた。校長といえども、自らの経験のない職についての専門的な内容については、安易に指示を与えることや、養護教諭、栄養教諭、事務職員自身に任せて判断させることは厳に慎まなければならず、教育委員会等に問い合わせることをためらってはならない。

給食調理員、校務員

・給食調理員

学校給食は、学校給食法に基づき、栄養の摂取と健康の保持増進、望ましい食習慣の養成や、伝統的な食文化や食料の生産、流通及び消費についての正しい理解等を目的として実施されており、学校の設置者（公立学校なら主に市町村）には学校給食の実施について努力義務が課されている。

実際の給食の調理・提供方式には、「単独調理校方式」「共同調理場方式」「親子方式」等がある。単独調理校方式は、各学校に調理場があって、その学校の児童及び教職員分の給食を調理する方式、共同調理場方式は、学校外に「給食センター」などと呼ばれる調理施設があり複数校の給食を調理して各学校に配送して提供する方式、親子方式は、単独調理校方式のように学校内に調理場があり、そこでその学校の給食と他の学校の給食を調理し、他の学校へは配送して提供する方式である。

私が勤務していた市の学校給食は、ごく一部の学校を除き、長い間、小学校のみを「単独調理校方式」で給食を提供し、中学校では給食を実施せず、中学生は持参した弁当か、校内で販売されるパン等を昼食として食べていた。しかし、近年、市の施策として、中学校においても給食を提供することになり、その際に親子方式が採用された。比較的児童数が少なく調理施設に余裕のある小学校を「親校」として、そこで調理した給食をその小学校の児童に提供するとともに、「子校」である中学校に配送して提供するスタイルが取り入れられたのである。

最近は、給食の調理そのものを外部委託している自治体もあるとのことだが、私が勤務していた市では、学校調理員は市費負担の職員であった。私が最後に校長として勤務した学校は、児童が比較的多かったため、「親校」ではなく単独調理校として６名の給食調理員が勤務していた。給食調理員の仕事は、給食の調理と給食後の調理器具や食器等の洗浄、後片付けであるが、第一に、給食は絶対に安全でなければならない。給食調理員は自身の健康管理はもちろん、給食調理場では徹底した衛生管理をした上で給食の調理をしている。調理場の中は、夏はスポットクーラーなどが整備されているとはいえ、調理の熱で暑く、また、冬は野菜を水で洗浄をせねばならず、とても冷たい。また、調理する量が多いため力仕事も多い。さらに、アレルギー対応のための卵や牛乳などを除去した給食を別に提供する日には、卵や牛乳などが混入しないように、とりわけ神経を使うなど苦労も多い。

給食調理の現場には、校長といえども入れない。市内の栄養教諭等が作成した献立と調理の手順書があり、食材や調味料の分量や調理方法も細かく決まっているが、最後は調理員さんの「さじ加減」もあるのではないかと思う。給食調理員6名のチームワークによる毎日の手作りの給食はとてもおいしかった。

・校務員

校務員は、自治体によって用務員とか管理作業員などと呼称することもあり、学校教育法施行規則第49条において「学校用務員は、学校の環境の整備その他の用務に従事する」と規定されている職員である。私が勤務していた学校では、市費負担の職員として2名の校務員が学校の環境整備や営繕等に従事していた。

校務員の出勤は早い。早朝から、校長室や職員室の清掃や給湯や玄関等の共用部分の清掃をし、我々が気持ちよく出勤する環境を作ってくれる。また、季節に応じた植栽の剪定や草刈り、施設や教具の修繕などもお手のものであり、時にはこのような物が欲しいと言えば、工夫して作ってくれることもあった。運動会の入退場門の設置や入学式、卒業式などの飾り付けは校務員の力を借りなければできない。私が勤務した学校は、施設は古かったが美しかった。校務員の活躍のおかげであった。

多様な勤務形態の職員

ここまで、学校には、校長、教頭、教諭、講師、養護教諭、栄養教諭、事務職員、そして給食調理員、校務員がいることについて述べてきたが、これらに加えて、最近の学校現場では多様な勤務形態や雇用形態の職員も働いている。私が教員として採用された頃は、臨時的任用職員である講師以外は正規職員がほとんどで、講師の方も含めたほとんどの職員がフルタイム勤務者であった。しかし、最近は少し事情が変わってきており、校務員や給食調理員の多くが非常勤職員（2020年度からは私が勤務していた市では「会計年度任用職員」と呼ぶようになった）となり、県費（府費）負担、市町村費負担による多くの非常勤職員が配置されている。

県費（府費）負担では、妊娠した女性教員が担当する体育実技の授業を軽減するために週に3時間程度勤務する体育軽減の非常勤講師、首席（他府県でいうところの主幹教諭）の業務時間確保のために週に10時間配置される首席軽減の非常勤講師、育児部分休業等を取得している職員への代替措置の非常勤講師など、さまざまな勤務時間数の非常勤講師が配置されている。県費（府費）負担の教諭であっても、初任者指導や小・中学校の連携のために複数の学校を兼務していて、週の特定の日や時間のみ来校して勤務する場合もあり、教諭本人はフルタイム勤務であっても、学校にとっては限られた曜日のみ勤務する職員ということになる。

市町村費負担の非常勤職員については、市町村によって内容も名称も大きく異なると思われるが、私の勤務した市では、特別支援学級に在籍する児童の状況に応じて学習支援や介助を行う「特別支援教育支援員」、医療的ケアを担う看護師資格を持った「医療的ケア支援員」や、児童の読書活動を支援するために週に2〜4日勤務する「図書館支援員」または「読書活動協力員」が配置されている。さらに、授業を担当する市費負担の非常勤講師や担任もできるフルタイムの教員が配置されている学校もある。

最近、「チームとしての学校」の実現が話題となっている。そのためには、多様な職種の専門スタッフが学校に配置される方向にあり、２０１７（平成29）年には学校教育法施行規則が一部改正され、スクールカウンセラー、スクールソーシャルワーカー、部活動指導員が専門スタッフとして位置付けられたが、さらに２０２１（令和３）年に再度改正され、新たに、医療的ケア支援員、ＩＣＴ教育支援員、特別支援教育支援員、そして、教員業務支援員（スクール・サポート・スタッフ）が専門スタッフとして規定された。

学校にとっては、教職員の人数が増えることは、少しでも多くの目で児童を見守ることができ、教職員相互の負担軽減にもつながるため、メリットは大きい。しかし、課題がないというわけではない。以前ならば、全職員が毎日勤務し、勤務時間も同じであった。今でも大多数は勤務形態が同じである県費（府費）負担のフルタイム職員であるものの、多くの非常勤職員が勤務するようになると、それぞれの職員が勤務する曜日が異なり、勤務時間もさまざまである。

初めて校長になったら、まずそれぞれの職員の勤務形態、勤務時間、休憩時間を把握し、命じなければならない。また、それぞれの勤務実績の把握と勤務実績の報告が必要である。勤務実績の把握は、月額制の報酬を支払う（1か月の給与額が固定されている）職員の場合はまだよいが、時間額制で報酬を支払う（時間単位の実績給）場合はより厳密な把握が必要となる。また、校内のさまざまな情報を非常勤職員とも共有することが重要である。自らも教諭等として長らく勤務してきた校長にとっては、なかなか理解しにくい仕事であるが、私はこの点について、抜かりのないよう特に細心の注意を払ってきた。

大多数が県費（府費）負担のフルタイム職員であり、その内の多数を占めるいわゆる教諭にとっては、非常勤職員の勤務形態を理解するには時間がかかる。そのため、悪気はなくても「あれ、今から打ち合わせをしようと思うけど、○○先生（非常勤講師）、もう帰るの？」「今日は、あの先生は来てないのか」「（職員会議の日に勤務日でなかった非常勤講師に向かって）この件は、職員会議で確認しましたね」などの発言があったりする。中には、職員の健康診断の日や、卒業アルバムの職員写真の撮影日を事前に伝え忘れてしまうこともある。もちろん、学校に多くの非常勤職員が在籍する現在、在籍職員全員が出勤する日はまずない。しかし、事前に日程を伝えることにより、場合によっては曜日の振替で出勤することも可能である。健康診断については、出勤する日に近隣の学校で受診することも可能である。これらを事前に伝える配慮が大切である。私は、教頭や行事を担当する教員に、このような配慮の必要性について常に伝え、非常勤職員の勤務日や勤務時間について全教職員に伝えてきたため、上述のように配慮のない発言が飛びだすことや、重要事項を連絡しそこなうことはほぼなかった。

教職員の定数

各小・中学校の学級の数や教職員の人数は、どのようにして決まっているのだろうか。公立小・中学校各校の教職員の人数（教職員定数）は、公立義務教育諸学校の学級編制及び教職員定数の標準に関する法律（以下、「義務標準法」）に基づき決まっている。同法の第3条において「学級編制の標準」が示され、小・中学校の1学級の児童生徒数が決められている。従来、小学校1年生のみ35人以下、小学校2年生から中学校3年生までは、40人以下が1学級の人数と定められていたが、義務標準法の一部改正が行われ、令和3年度にはまず2年生を35人以下として、今後、段階的に6年生まで引き下げ、２０２５（令和7）年度には、小学校のすべての学年で35人学級となる予定である。

例えば、ある小学校に70人が入学すれば、その学校の1年生は2学級編制となり1学級当たりの児童数は35名であるが、71人が入学すれば、その学校の1年生は3学級編制となり、1学級当たりの児童数はそれぞれ23名、24名、24名となる。義務標準法では、小規模な学校における複式学級（複数の学年で1学級編制となる）の場合や、特別支援学級における学級の定数も決められているので、各学校で合計の学級数が決まり、それによってそれぞれの学校の教職員定数が決まってくる。

各学級数に対応する教職員の定数は、小・中学校で異なり、例えば20学級の小学校の場合は教員22名、16学級の中学校の場合は、教員24名となっており、中学校のほうが、学級数が少ないにもかかわらず、教員の数は多くなっている。この例の小学校では、教員22名のうち、20名はそれぞれの学級の担任であるから、2名のみが担任を持たない教員である。多くの学校では、主幹教諭（首席）にあてたり、専科の教員として音楽や理科などを担当していたりする例が多い。中学校で学級担任16名に対して、担任を持たない教員が8名で、主幹教諭（首席）にあてたり、生徒指導や進路指導の担当者としたりしている例が多い。これは、中学校が教科担任制を基本としているためと思われるが、小学校の校長経験者としては、小学校の教職員定数をもう少し増やしてほしいと思う。

なお、この例は、いわゆる教職員定数のうち、基礎定数と呼ばれる教員数である。実際には、教科の特性等に応じた少人数指導、小学校における専科指導、習熟度別指導等を行う場合や、社会的条件について教育的配慮を行う場合、教育上特別の配慮を必要とする児童生徒に特別の指導を行う場合、学校において教育指導の改善のための研究が行われている場合などは、基礎定数に文部科学大臣が定める数（加配定数という）を加えて配置されることがある。私が校長として勤務していた学校でも、加配定数として習熟度別指導等を行う目的で1名の教員が配置されていた。

養護教諭、栄養教諭、事務職員についても、義務標準法にて定数が定められている。ただし、都道府県や市町村においては、独自に義務標準法に示された基準に上乗せして教職員を配置することによって、1学級の児童数を減らしてきめ細かな指導を行っている例もある。私が勤務していた小学校では、1年生は義務標準法により35人以下学級であったが、2年生は大阪府の施策、3年生から6年生についても市の施策により35人以下学級で学級編制を行っており、義務標準法を先取りした取り組みを実施していた。

公立小・中学校の県費（府費）負担教職員の給与は義務教育費国庫負担法第2条により国がその3分の1を負担することとなっているが、都道府県や市町村が独自に教職員を配置する場合には、その給与は全額、配置する都道府県や市町村が負担しなければならないために財政負担も大きく、また教員の採用も独自に行わなければならない。私の勤務していた学校でも、市の施策として、市が採用した教員（市費負担教職員）が配置されており、他の県費（府費）負担教職員と同じように学級担任や専科教員として勤務していた。1学級の人数が少なくなるため、きめ細かな指導ができるというメリットが大きく、保護者等からの評価も高かったが、勤務条件等が府費負担教員と市費負担教員とで異なることもあり、校長として配慮すべきことが多かった。

以上述べたように、小学校や中学校の学級の数や教職員の数はその学校の児童・生徒数によって各学年の学級数が決まり、特別支援学級も設置されていれば、その学級数を含む全学級数により教職員の定数（基礎定数）が決まる。それ以外の加配定数や市町村費の教職員については、それぞれの学校や地域の状況等に応じて都道府県や市町村の教育委員会により配置される。各学校の教職員は、児童数とそれに基づく学級数に応じて教育委員会が配置するのであるから、校長は新年度に迎えるにあたって何もしなくてよいのかといえば、実はそうではない。毎年、校長は次年度を迎えるにあたって悩ましい日々を過ごすことが多い。学級数や教職員数の算定根拠となる児童・生徒数を正確に把握する役割を学校が担っているからである。

例えば、現在、小学校5年生の児童数が１００名で、３学級編制だったとすれば、次年度の6年生は多少の児童の転出入があったとしても、３学級編制になるものと見込むことができる。現行の基準では、小学校5年生と6年生の1学級の人数は40人以下と決められているので、現在１００名の児童のうち、仮に21名も他の学校へ転出すれば、来年度の６年生は79名となり、１学級を減らして2学級編制となる。また、仮に21名の児童が他の学校から転入すれば、来年度の6年生は１２１名となり、１学級を増やして4学級編制となる。しかし、一般には20人以上の児童が転出したり転入したりすることは極めてまれで（大規模ニュータウンの入居開始による転入や、災害等の発生による転出等によりこのような例が全くないわけではない）、通常は、転出入児童は全くないか、あっても数名程度であることが多いので、このような場合は問題ない。しかし、例えば、現在、小学校5年生の児童数が81名で3学級編制だったとすれば、来年度の6年生の児童数については、新年度に入るまでわからない。1名でも転出すれば、来年度は1学級減の2学級編成となるからである。１名の転出はあり得るので、このような児童の転出入により次年度の学級数が変動する可能性のある学年については、情報収集を欠かさないのが校長の仕事である。

このような児童生徒数と学級数を精査する日は、毎年5月1日と決められている。教職員定数等を含むさまざまな統計においても、基準日は5月1日となっている。そこで私は、秋から冬にかけて、全学年の全家庭、保護者宛てに、現在から来年度の5月1日までの間に、転出する可能性があるかどうかの「転出入調査」をお願いしていた。そして、学級数が変動する可能性のある学年については、年が明けて年度末を迎えるまでに、必要に応じて複数回の調査を実施するとともに、6年生については「進学先調査」をして、校区の中学校に情報提供をしていた。しかし、これらの調査では「転出」する児童の数はある程度把握できても、「転入」する児童は把握できない。そこで、調査用紙に「知り合いの方で、本校の校区に転入される方をご存じの方はお知らせください」などと記載していた。

また、全学年の調査の結果で、転出の可能性がある場合は、保護者の了解を得て、転出先の学校への情報提供を行っていた。多くの学校で同様の調査を行っており、他の学校から本校への転入予定者の情報が寄せられる場合もあるので、学校間ネットワークも大切である。また、校区内を巡回して、住宅やマンション等の新築物件がないかを調べたり、教育委員会の学籍担当にも連絡したりして、転出入の情報提供を依頼していた。

さらに難しいのは、次年度に小学校に入学予定の児童数の把握である。各市町村には、住民全体の住民票を世帯ごとに編成した公簿である住民基本台帳がある。毎年一定の時期に、教育委員会から、その学校の校区内に住んでいる市民のうち、学齢に達する児童について は情報が提供される。これを見れば、来年度新１年生に入学する予定である児童の人数を把握することができるのだが、実際に入学する児童は住民基本台帳に記載された人数より少ないことが多い。理由は、国立や私立の小学校に進学する場合や、特別支援学校に入学する場合、本校の特別支援学級に入学する場合があり、子どもが小学校に入学する時期に合わせて転居する例もよくみられるためである。教育委員会は住民基本台帳のデータを基に、新入学予定児童の保護者宛てに、各学校で実施される就学時健康診断や入学説明会の案内を送付するとともに、就学通知を送付して入学する学校を指定するので、学校側としては教育委員会と連携して入学予定児童の把握に努めるとともに、入学説明会の欠席者の自宅を訪問するなどして、入学の意思確認等を行っていた。

１月に実施する入学説明会が終われば、ほぼ入学予定児童数が固まってくるが、一般企業等の中には転勤内示の時期が３月であることもあり、４月になってから入学する・しないの連絡があったりすることもよくある。そのため、クラス発表用の名簿作成や、入学式で渡す教科書や学用品の準備が入学式の直前までずれ込むこともあった。そして入学式当日には、5月1日までに転出の予定があれば、申し出てもらうよう依頼していた。

なぜそこまでのことをするのかといえば、児童数の増減により学級数が決まり、総学級数により教職員数が決まるため、仮に4月7日に新入生71名で入学式を行い、3学級でスタートしたのはよいが、4月30日に1人が転出するということが起これば、1年生は70名となり、2学級にしなければならず、入学式早々、再度クラス分けをして、3学級を2学級にしなければならないのである。当然、1学級当たりの人数は増え、学級減に伴って教職員数も減らさなければならず、場合によっては臨時的任用職員である講師等の配置換えが行われることもある。このような事態が生じれば、法に基づく基準であるとはいえ、保護者や、入学まもない児童に不安を与えるため、できるだけ避けなければならない。しかし、あくまでも基準日が5月1日であるため、先の例でも1名の転出が5月2日以降であれば、年度末まで3学級のままで問題はない。

ここまで児童が転出する場合について述べてきたが、急な転入によって増学級になる場合にもさまざまな課題がある。後にも述べるが、特に、急に増学級になった場合の教員の確保は一大事である。学級が増えて1学級の人数が減ったのはよいが、担任の先生が見つからないということは大変である。教員の確保が間に合わなかった場合は、教頭が臨時で担任代行を務めているといった話も聞いたことがある。また、学校によっては教室の確保ができないという問題が生じる場合もある。少子化の影響で児童数が減少し、校内は空き教室がたくさんあるという学校もあるようだが、学級数が増えたことで、算数などの分割・習熟度別学習に利用していた教室や、図工室や児童用の更衣室等を教室に利用しなければならない学校も存在する。

私が校長として勤務していた学校でのことだが、転出の可能性がある児童と、急に転入してきた児童があったことにより、１年生で、１学級の人数が35名を超えたまま入学式を迎え、児童や保護者の不安を避けることから、５月１日後も学級増をしなかったことがあった。入学式で、校長より保護者に対して説明するとともに、何よりも担任の先生には負担をかけるため、１年生の学年に担任外の教員を配置して、ティームティーチングや、一部の教科は専科指導を行うなどの指導体制をとり、校長、教頭もできるだけ支援した。

教職員の採用

公立学校の教職員の採用は、一般に都道府県または政令市単位で行われる。実際には、都道府県とその県庁所在地の政令市が合同で実施することも多く、大阪府の豊能地区の3市2町（豊中市、池田市、箕面市、豊能町、能勢町）のように、大阪府から教職員の人事権の移譲を受けて地区単位で行っているという例もある。都道府県を例にごく簡単に述べれば、都道府県の教育委員会は、域内の市町村教育委員会を通して、小・中学校の学級数の増減等と、退職する教職員の数等を調査して、その不足人数分を採用することとなる。

例えば、今年度、ある区域内（仮にA市とする）に1000名の教員が在籍しているとする。来年度に向けて、A市の教育委員会の教職員課（教職員人事主担課）が各学校に指示して、住民基本台帳の学齢人口等を基に、来年度当初時点の各校区内に住んでいる児童の見込み数を集約したところ、A市内では今年時末で卒業する児童数より来年度当初に入学する児童数が多い学校が多く、A市全体では必要な教員の人数が1020名となり20名の欠員見込みとなったとする。一方、A市全体で年度末に10名が定年退職を迎える予定であることがわかっているとすれば、A市では合計30名の新規採用教員が新たに必要になることになり、その旨を都道府県の教育委員会に連絡すれば、30名の新規採用教員がA市に配置されるということになるが、実際にはそんな単純な話ではない。

教職員数の増減には、教員数を増加させるための要員（過員要素）と、減少させるための要素（欠員要素）があり、新規採用教員の他に、定年退職後も再任用制度により引き続き教員として勤務する者や、他市町や他府県から転入してくる教員の数は過員要素であり、定年退職ではないのに、他府県の教員採用試験に合格したり、その他の理由により早期退職したりする教員や、他市町、他府県に転出する教員の数は欠員要素となる。これらが複雑に絡みあっているのであるが、それに加えて、教職員数の把握の上で課題となるのが、以下の点である。

一般に在籍教員は、その全員が教諭ではなく、さまざまな理由により、ある程度の人数の臨時的任用である講師（欠員補充の講師とか定数内講師などと呼ぶ）が配置されているのが一般的である。例えば、A市では１０００人の教員のうち、25名が欠員補充の講師であったとすれば、25名は年度末までの有期雇用であるため、10名の定年退職者と同様、退職者としてカウントすることになり、合計35名が退職扱いとなり、A市の例では新規採用者55名が必要になる。しかし、現実には55名がすべて新規採用の教諭が配置されるかといえば、そうではなく、新規採用の教諭で満たされない人数は欠員補充の講師を配置することとなる。なぜ、このように多くの欠員補充の講師が配置されるのかといえば、大きく四つの理由があると思われる。

一点目は、児童生徒数の増減に対応するためである。例えば、ある小学校の来年度当初の新入生（1年生）の予定人数が秋の調査で72名であったとする。1学級の定数は35名であるので、72名であれば3学級編制となるが、年が明けて年度末に近づくと校区外に転居し、その学校に入学しない児童が1名いることがわかり、さらに、1名が私立の小学校に入学することが決まったとなれば、入学予定者数が70名となり、2学級編制となる。このような場合、学級数が減れば教員定数（基礎定数）も減ることになるので、新1年生が3学級となるものとして、教諭を採用していれば、教諭が余ってしまうことになりかねない。そのため、次年度の学級数を精査するときには、児童数もしっかり把握して、1～3名の児童生徒数が増減することにより、教員数が増減する場合には、増減する可能性のある教員には、欠員補充の講師の配置を見込んでおくことになるのである。

二点目は、教員自身の人数の変動によるもので、先に述べたとおり、定年退職者の人数は年齢によって決まるため確実に把握できるが、そのうち、再任用に何名希望するかは、その年度の12月くらいまで確定しない。他市町、他府県に異動を希望する者の確定数が決まるのも遅く、突然の早期退職の希望を申し出る者に至っては、いつ出てくるかわからない。要は年度末ギリギリから新年度当初まで、教員数がなかなか確定しないので、その年の教員採用試験の合格者数以上に欠員が生じたときは、欠員補充の講師をあてることを考えておくことになるのである。

三点目は、長期的な児童生徒数・学級数の増減傾向である。先のA市の例では、児童生徒数・学級数が増加する例であったが、実際には少子化の影響により、児童生徒数の減少に伴い、学級数も減少傾向、学校規模も小さくなり、学校の統廃合が進んでいるのが現状である。このような中で、現在不足している教員をすべて教諭の採用で満たしてしまうと、将来、教員定数の減少により、教員が余った状態（過員）を避けるために、あらかじめ一定の人数を欠員補充の講師をあてておこうとするのである。

そして、最後の四点目は、加配定数の単年度配置の問題である。教職員定数の項でも述べたが、児童生徒数により決定される学級数を基礎とした教職員定数（基礎定数）も上述のように変動の余地があるが、教科の特性等に応じた少人数指導、小学校の専科指導、習熟度別指導等を行う場合や、社会的条件について教育的配慮を行う場合、教育上特別の配慮を必要とする児童生徒に特別の指導を行う場合、学校において教育指導の改善のための研究が行われている場合などにおいて、基礎定数に加えて配置される加配定数については、原則単年度配置なのである。そのため、ある学校において、今年度習熟度別指導等を行う加配の教員が配置されていても次年度に配置されるとは限らないといった、教職員数に予測できない面が生じるのも欠員補充の講師を配置する要因となっている。

校内の人事

校内の人事は、校長の重要な業務の一つである。次年度の教職員人事については秋以降に動きが始まる。私が勤務していた市では、新規採用から4～6年、転任後6～10年目の教諭は異動対象となり、さらに早期退職者や他府県の教員採用試験合格者、そして管理職選考の合格者が出てくれば、それらは校内の欠員要素となる。児童数の増減と新入生の人数を把握しながら、次年度の教職員定数がほぼ固まり、人事異動の内示が3月下旬なので、そこから次年度も引き続き本校にて勤務する教職員と、新年度当初に配置される他校から転任してくる教員や新規採用教員により、来年度の校内体制を構築していくわけであるが、それまでにある程度予想して校内人事を構想しておかねばならない。

単に校内人事といっても、具体的には二つあり、一つ目は、どの教員に、どの学年の担任をさせるか、または担任ではない専科教員等をさせるかということであり、二つ目は、主任等や主要な校務分掌（校内の役割分担）の長を誰にするかということである。人事のことなので、詳細に記述することは控えるが、私は教員本人の希望とその理由も聞いた上で、年齢、本校やこれまでの前任校での経験等、その他個人的な事情等がある場合はそれらを踏まえつつ、1学年が3学級だとして、3人の学級担任の年齢構成、性別等のバランスと、学校全体のバランス等も考慮する。主任や主要校務分掌の長をさせる場合には、その業務負担量などを考慮した上で、仮決定し、たいてい3月下旬の修了式の日の午後に職員室に掲示することにより発表していた。仮決定というのは、新規採用者や臨時的任用教員が配置される場合に、経験の有無や、年齢、性別等が年度末でも不明な場合があり、やむを得ず変更する場合や、万が一校長が転勤等により代わった場合に、新校長によって最終決定をすることができる余地を残しているためである。

私の経験では、年度末までには情報も入り、転任する場合も新校長と引き継ぎをしていたので、変更することなく決定版として新年度を迎えることが多かった。このように校長が決定することについて、教員側から変更の希望や不満の声があるのではないかと思われるかもしれないが、私の経験ではそれはない。校内人事が校長の権限であることを教職員が理解していることもあるが、何かあったときには、決定した校長が責任を取ってくれると思っていたのだと思う。以前、初めて6年生の担任を命じた教員が、不安な表情を見せることがあったが、命じた理由と、不安を安心に変えるために話をした。その教員は1年後に、立派に卒業生を送り出し、教員として大きく成長し、本人にとっても自信となったようである。

先に「教員本人の希望とその理由も聞いた上で、年齢、本校やこれまでの前任校での経験等、その他個人的な事情等がある場合はそれらを踏まえつつ」と述べたが、これは極めて重要である。特に、忘れてはならないのが、育児休業や休職中などの教員が新年度から職場復帰する場合である。長期に育児休業等を取得したり、休職したりしている間に校長が代わって、当該教員と校長の間で面識がないこともあり、本人が不安に感じている場合がある。私は、特にそのような場合は、電話等を通じてその教員と連絡を取ったり、可能ならば会ったりして、できるだけ関係づくりを行った。育児休業明けであれば、復帰後は保育所への送迎などが予想されるため、育児時間等の制度説明も怠ってはいけない。

4月1日になり新年度を迎えると、他校から転任の教職員は直接出勤してくる。新規採用者は辞令交付式があるため、その後の出勤となる。私が校長として5年間勤務した際には、複数の教諭と1名の養護教諭を新規採用者として学校に迎えた。新規採用教職員には、大学等の新卒者と、すでに講師等としての勤務経験がある者がいた。

ある年、講師として勤務していた教員が、教員採用試験を受験して合格し、次年度に本校に新規採用教員として配置された。この教員は講師時代から指導力は申し分なかったので、引き続き同一校に勤務となったのは幸いであった。新規採用された教員は、それまでの講師等として勤務した経験の有無にかかわらず、採用の日から1年間、実践的指導力と使命感を養い、幅広い知見を得させるため、学級や教科・科目を担当しながらの実践的研修（初任者研修）を受講する必要があるが、すでに基本的な業務内容や児童、地域の状況は知っているため、本人の負担軽減にもなった。

一方、新卒の新規採用教職員は少し異なる。教員免許状を取得するために教育実習を経験しており、最近は学生時代からボランティア等で学校に関わっていたという経験の持ち主も少なくはないが、教諭として責任を持つ立場になるのは初めてであるため、さまざまな支援が必要である。多くの場合、新規採用者には、講師経験の有無にかかわらず、1年間初任者指導のための指導教官が配置される。多くは、複数校を兼務する元校長等が多く、週に1日程度来校されて指導をしてもらうことになっている。しかし、学校の授業は毎日あるわけなので、同じ学年の教員や、教頭、指導教諭によって校内の指導体制を構築して支援する必要がある。

また、ある年は、新規採用者として養護教諭が配置されたことがあった。先にも述べたが、養護教諭は通常1校1人の職であり、教諭と同じような初任者指導のための指導教官は配置されないため、前任者で現在は他校で勤務している養護教諭や、すでに退職した元養護教諭に何回か訪問していただく機会を得て、新年度をスタートさせることができた。養護教諭は、特に年度当初に身体計測や内科検診、歯科検診などが多く、多忙であるが、養護教諭本人の優秀さもあって無事に乗り切ることができた。その後は、校区内の小・中学校の養護教諭から日々の支援をいただいたり、市内の養護教諭が集まる機会を利用したりして少しずつ経験を積んでいくことができた。

教職員の人事評価

学校に勤務している教職員は、原則として地方公務員法第23条の2第1項「職員の執務については、その任命権者は、定期的に人事評価を行わなければならない」に基づき、人事評価が行われることとなっている。市町村立の学校には市費負担の教職員と県費負担の教職員が混在する場合が多い。市費負担の教職員の任命権者は市町村教育委員会であるから、勤務状況を把握しやすいのでよいが、県費負担教職員の任命権者は都道府県教育委員会である。現実問題として、都道府県教育委員会が管内市町村立学校の教職員の人事評価を行うことは困難であるため、地方教育行政の組織及び運営に関する法律第44条において「県費負担教職員の人事評価は、地方公務員法第23条の2第1項の規定にかかわらず、都道府県委員会の計画の下に、市町村委員会が行うものとする」と定められている。

実際の評価の方法は、都道府県費負担（大阪府の場合は府費負担）教職員と市費負担の教職員で異なり、さらに、正規職員と臨時的任用職員で異なり、加えて、府費負担の教職員であっても、授業を行う教員と授業を行わない教員とで評価方法が異なるため、非常に複雑である。大阪府の場合、府費負担教職員の人事評価は「府費負担教職員の評価・育成システムの実施に関する規則」に基づき行われて、一般に「評価・育成システム」と呼ばれている。教職員が学校教育目標を共有し、その達成に向けた個人目標を主体的に設定して、校長や教頭等の支援を受けながら、意欲的に取り組みを進めることを基本とし、自己評価と校長等による評価を通じて、教職員が自らの意欲・資質能力を一層高めることとされている。大阪府においては、市町村立学校に勤務する府費負担教職員の人事評価の評価者は校長、校長の人事評価の評価者は市町村教育委員会の教育長と定められている。

一つの例として、授業を行う教諭の人事評価の流れを簡単に紹介する。評価は年度ごとに実施するため、対象となる教職員は、新年度が始まると、決められた期日までに今年度の学校や校内組織の目標達成に向け、自らが設定する目標を自己申告票という定められた様式に記入して、支援者と位置付けられている教頭に提出する。目標には設定区分があり、①授業力（授業に係る取り組み）、②自立・自己実現の支援（児童生徒指導等）、③学校運営（校務分掌等）の3項目について具体的な内容と実施計画等を記載することになっている。なお、項目は①~③以外の項目を追加することも認められている。教頭が取りまとめた各教員から提出された自己申告票を受け取った校長は、各教員と個別に面談を行い、設定目標を決定する。教員は各自の設定目標に向けて業務を遂行し、秋頃に進捗状況を、自己申告票の区分ごとに、「計画以上に進んでいる／計画どおり進んでいる／計画どおり進んでいない」から選んで自己評価をして進捗状況及び課題を記載して提出し、年度末に目標の達成状況を「十分上回っている／達成している／達していない」から選んで自己評価し、達成状況と今後の課題を記載して提出する。この際、児童生徒等・保護者・教職員等の意見で参考となるものがあれば記入することも認められている。

授業を行う教員の評価のうち、授業に関する評価は、生徒または保護者による評価を踏まえて行うこととなっているので、生徒または保護者による「授業アンケート」を実施することとなっており、だいたい夏休みの前後に実施していた。対象教員一人ひとりについて、生徒または保護者に授業に関する評価を求めるわけだが、小学校では保護者、中学校や府立の高校等では生徒自身に評価を依頼している。

私が校長として勤務していた学校での「授業アンケート」の項目は、「①興味・関心・意欲の向上」「②学習内容の習得」「③個の状況に応じた支援」「④望ましい学習集団の育成」「⑤児童への適切な評価」の５観点となっていた。小学校の保護者向けのアンケートでは、それぞれの項目について、「①お子さんは、授業を受けて、その内容に興味や関心や意欲を持つようになっていますか。」「②お子さんは、授業の内容がわかるようになっていますか。」「③お子さんは、授業でわからないときやもっと知りたいとき、そのことについて教えてもらえていますか。」「④お子さんは、授業は質問や発表などがしやすい雰囲気だと感じていますか。」「⑤お子さんは、授業で頑張ったことを認めてもらえたと思っていますか。」という質問項目について評価を依頼し、保護者氏名を記入の上、封筒に入れて封をして直接校長宛てに提出することとなっていた。

授業アンケートは担任が見ることはなく、アンケート集計についても校長、教頭のみで行うことになっている。また、授業力に関する評価は、生徒または保護者による評価を踏まえて行うこととなっているが、当然、「授業アンケート」の結果のみをもって評価することはできないので、私は評価者として、年間を通して日頃から教員の授業を観察していた。教員の授業の様子を観察する際には、担任をしている学級の教室に行き、国語や算数といった教室で行われる授業を観察することが多い。教室に行けば、授業を行う際の教員の声、視線、動き、板書内容はもちろん、教室の環境や児童の学びに向かう姿勢等の様子も観察することができる。

しかし、教室だけで教員の授業力のすべてを推し量ることはできない。私は教室での授業とともに、運動場で行われる体育の授業もよく観察していた。できるだけ始業のチャイムがなる前から運動場に出て待っていると、教員が運動場に出てくる時刻や服装等、そして準備物等の授業の段取りを観察できる。児童の様子を見れば、日頃からの担任による指導のあり方を見ることができる。例えば、児童が運動場に出てくる時間、児童の服装、体育係の児童の号令によって児童が体操をする姿などから、この学級の担任の指導力が推測できる。その後、担任の指導でその日の授業内容に入るわけだが、広い運動場で児童が担任の話をしっかり聞いているか、走るときは全力で走っているか、球技ではチーム内でボールのパスが回っているか、他の児童の姿を見て応援しているか、担任の集合の号令により素早く駆け足で集まっているかどうかを観察すれば十分である。

私は、いろいろな視点から授業を観察して、「評価・育成システム」で作成することが定められている「授業力評価票」を作成し、授業アンケートの結果とあわせて授業に関する評価を行っていた。年度末には、校長は、各教員から提出された自己申告票に記載された目標に対する達成状況を評価する「業績評価」と、日常の業務遂行を通じて発揮された能力を評価する「能力評価」を行い、これら二つの評価を総合して評価する「総合評価」を行う。絶対評価により、SS、S、A、B、Cの5段階で評価し、その結果を「育成シート」という様式に記入し、年度末の「開示面談」にて説明の上、上述の「授業力評価票」とともに個々の教員に手渡していた。

これらの総合評価の結果は、給与に反映され、具体的には、次年度の勤勉手当の支給率や昇給に影響することになっている。一方、教職員が評価結果に対して、意見することができる制度も整備されている。さらに、教職員に「校長・准校長の学校運営に関するシート」「校長・准校長への学校運営に関する提言シート」「教頭の学校運営に関するシート」

を提出させ、校長、教頭に対する評価や提言を受けるシステムも整っており、「校長・准校長の学校運営に関するシート」については、市町村の教育長にそのまま提出することとなっている。

私はこの評価・育成システムの運用について、教職員の育成に重点を置き、以下のような点に留意していた。まず、自己申告票に記載する目標の設定が最も重要であると考え、各教職員の自己申告票を見て、具体的な目標を記載していない場合や、昨年度と同様の記載内容であれば、再考を促していた。実際には、最初に受け取るのが教頭であるので、教頭には、誤字脱字をはじめ、できるだけ具体的な目標を記載しているかを見極めるよう依頼していた。教頭は、評価・育成システムにおいて支援者であると同時に、一次評価者でもあるので、教頭の力量アップにもつながるものである。また、設定面談の際には、直接教員と面談を行い、自らが設定した目標に対して、具体的な取り組み内容を聞き取るとともに、最終的に自己評価をするにあたって、何を根拠に、つまり評価の基準は何かを尋ね、必要に応じてメモをしていた。必ずしも、数値目標を記入させる必要はないが、どうなれば「達成」となるのかを確認し、共有することが重要である。このことにより、教員自身が何に取り組み、何を目標とするのかがより具体的になる。

授業に関する評価についてであるが、特に、授業アンケートはその教員の授業力の一要素とはなり得るが、必ず校長自身の授業観察の結果や教頭の評価を重視していた。授業観察は、抜き打ち的に実施する場合もあったが、教員には、参観してほしいときに申し出るように伝えていた。そのときの体調や諸条件によって、その教員がもっている指導力を十分に発揮できないときに参観をして、それが評価に結びつくのを避けるためである。そして、夏休み前後に実施する授業アンケートの集約ができた段階で、教職員に授業アンケートの結果について聞きたい者は申し出るように伝えるとともに、必要に応じて、こちらから個々の教員にアンケート結果の情報提供を行っていた。最終的に授業力の評価を行う際に、夏休み前後の段階での結果を周知することにより、夏休み以降の授業改善に活かせる点があるからである。また、最終の開示面談では、全員に授業アンケート結果を提供していた。

教職員の人事評価を行うにあたって最も重要なことは、日頃から教職員とのコミュニケーションを取っておくことである。ある教員から、今までは、１年間において校長と一対一で話をしたのは設定面談と開示面談のときだけだったという話を聞いたことがあるが、とんでもない話である。私は、日頃からできるだけ多くの教員とコミュニケーションの時間を取るようにしていたが、業務繁多な中、突然、校長に呼ばれて時間を取られたのでは予定していた業務に支障が出て、結果として退勤時刻が遅くなれば本末転倒である。緊急案件でない限り、設定面談や開示面談も含めて日頃から「今、話できますか」と声を掛けて、手が離せないようであれば、「今、手が離せないなら遠慮なく申し出てください」と付け加える。そうすると、後ほど教員側から、「校長先生、今、大丈夫なのでお話できますか」と声を掛けてきてくれるので、問題はなかった。要は、日頃からのコミュニケーションと見守りを大切にすればよいのである。結果として、教職員から評価結果について、苦情が入ることはなかった。

第2章

校長の一日

始業前

私が校長として勤務した学校は幸い2校とも自宅から近距離であった。また私自身が比較的早起きであったので、毎日早めに出勤していた。とはいってもすでに校務員（学校用務員）の方が出勤していて、職員室や校長室の清掃やゴミ捨て、給湯等をしており、その作業の邪魔にならないようにしながら、いろいろな世間話をした。教員以外の職員ともコミュニケーションを取ることを大切にしていたということになるが、私はそんなことは考えず、とにかく校務員さんと話をするのが楽しかった。

校長も含め、教職員の勤務時間は8時30分からであるが、早く出勤してくる教職員も多く、私の出勤後、だいたいいつものメンバーが出勤してくる。「おはようございます。いつも早いですね」とあいさつをして、わずかな時間の会話を楽しむ。7時45分になると児童がちらほら登校してくるため、私は正門に向かうことにしていた。下足室（下靴と上履きを履き替える場所）の入り口は8時に開放することになっており、正門配置の警備員の立哨も8時からであるため、保護者には8時以降に登校させてもらうように依頼している。しかし、早く出勤する保護者と共に家を出るためか、どうしても早めに登校してくる児童がいる。私が玄関を出るときには、すでに登校した児童が下足室の前にいて、私が「おはようございます」と声を掛けると、児童も大きな声で「おはようございます」と返してくるのが気持ちよく、一日の始まりを感じる一瞬であった。

学校によっては、既定の時刻まで開門しないと聞いているが、私の勤務した学校は、いずれも正門前の道路の交通量が多く、開門しない場合、児童が正門前に滞留することが危険なため、正門を少し開けて児童を校内に入れていた。朝の登校時の開門時刻等については、校内で児童がケガをした場合に誰が責任を取るのかが問題になるが、運動場等での遊びは禁止しており、早めに登校した児童は下足室の入り口に並んで待たせることにしていた。時折走り回る児童もいたが、そこは私の出番で、声掛けをして並ばせた。そうして、8時になると私は警備員にあいさつをしてから、正門を全開にして全児童を迎え入れるために正門前に立つのであった。

正門に立って、登校している児童にあいさつをしている校長は多い。私もその一人であり、登校してくる児童に「おはよう」と声掛けをしていた。「おはようございます」と児童のほうから元気に声を掛けてくれることもあり、それはうれしいものであった。一年中、朝から遠方への出張がある日以外、毎日、私は正門に立っていた。正門と校舎の位置関係からか、暑い夏場は影がなく、冬場は、日陰になるという場所であったが、朝の楽しい日課の一つであった。

私が最後に校長を務めた学校では、全校児童600人以上が一つの正門から登下校しているため、毎日正門に立っていると名前までは憶えていなくても、「Aさんは、いつもはもう来る時間なのに今日はまだ来ないな」「いつもあいさつをしてくるBさんは、今日は挨拶を返してこないので調子が悪いのかな」「Cさん兄弟はいつも二人で登校するのに、今日は兄一人で登校してきた」などがわかるようになってくる。しばらく登校できていなかった児童が久しぶりに登校してきたときは、とてもうれしいものだが、緊張して登校している場合が多いため、あえて特別な声掛けなどはせずに見守る。時には、高学年の児童が「校長先生、1年生の○○さんが、途中で転んで動けなくなっています」などと声を掛けてくれるので、駆けつけることもできた。また、児童を送ってくる保護者も少なからずいる。このような児童には担当の教員が正門付近まで迎えに出てくることが多いのだが、たまに早めに登校してきたときには、私が必要に応じて保護者から大きな荷物等を預かり、児童の様子を保護者に尋ねたりしていた。後で、担任に預かった荷物を渡しつつ、保護者から聞いた内容を伝えるのである。このように、門に立っているだけでも、気になる児童の登校状況を概ね把握できるため、その状況を後ほど出勤してくる担任や学年の教員に伝えることができる。

正門を通るのは児童だけではない。私が正門に立ってからも多くの教職員が出勤してくる。実は、私は児童の出迎えだけではなく、教職員の出迎えにも重点を置いていた。教職員は徒歩通勤の者、自家用車で通勤する者、バイクや自転車で通勤する者、市営バス等の公共交通機関を利用する者に分かれる。徒歩やバイク、自転車で通勤する場合は、直接正門から出入りできる（ただし、自転車、バイクは、安全のため正門で下車し、自転車、バイク置き場まで学校敷地内は押さねばならない）が、自家用車で通勤する職員は、学校敷地内に自家用車の乗り入れができない。そのため、各自が近隣に借りている駐車場から、市営バス等を利用する者も最寄りのバス停からそれぞれ徒歩で出勤していた。さらに付け加えるなら、正門前の道路が、ほぼ正門を中心に両側約100メートル間が平日の午前8時から9時まで許可車両と自転車を除く車両が通行止めになるため、バイク通勤の者は8時を過ぎると通行止めの区間はエンジンを切って、歩行者としてバイクを押して歩いて正門を通らねばならない。

これらは不便であるが、私にとっては幸いであった。結局、いかなる手段で通勤しようとも、正門は皆が徒歩で通るため、出勤してくる教職員とコミュニケーションを取る機会を確保することができたのである。毎朝、正門に立っていると、大体、どの教職員が何分頃に出勤するかがわかってくる。そこで、児童を出迎えるのと同様に、出勤してくる教職員にも声を掛ける。児童もいるので、そちらに注意していると話ができない場合もあるが、前日に腹痛で休んでいた教員には、「腹痛は治りましたか？　まだ無理をしないように」、前日に「子どもが発熱した」と保育所から学校に電話がかかってきて早退した職員には、「お子さんは元気になりましたか？　今日も授業が終わったらできるだけ早く帰ってあげてね」などと声を掛ける。児童を指導し、前日に保護者と面談していた教員には、「昨日はお疲れさま」と声を掛けて概略を聞き、「日頃から人間関係づくりを大切にしてきたのがよかったですね」、不登校の児童の家庭訪問に行っていた教員には、「昨日は、お疲れさま。本人に会えたそうでよかったですね」などと労いの言葉を掛ける。「当該の○○さんは、さっき友達と笑顔で（校舎に）入っていったよ」と伝えると、その教員も笑顔を浮かべる。また、当日に何か行事があり、なんとなく緊張して出勤してくる教員に対しては、「今日は、いよいよ○○の本番ですね。今まで準備をしてきたので、自信をもって。絶対に子どもたちは頑張るから大丈夫」などと声を掛けた。給食調理員が出勤する際には、

「今日の給食献立は○○ですね。楽しみです」と声を掛けると、「頑張っておいしく作ります」と、これまたうれしい言葉が返ってくることもあった。

こうした会話を続けていると、やがてやり取りの様子が変わってくる。例えば、「校長先生、体調がよくなりました。また頑張ります」「昨日は、早退してすみませんでした。夕方、お医者さんに見ていただいて、薬を飲ませたら元気になって保育所に行きました」「校長先生、昨日の指導はうまく進みました。保護者とも話ができてよかったです」「校長先生、今日の行事、子どもたちが頑張りますので、校長先生もぜひ見に来てください」などと、教職員の方から話をしてくれるようになってきた。給食調理員からは「今日の給食は、校長先生の好物のインド風煮（カレー味の煮物）ですので、楽しみにしてください」と声を掛けていただいた。私は正門に立って声を掛けているだけだと思っていたが、教職員にとっては、何でも話せる校長になっていたのかもしれない。

最後に校長を務めた学校では、朝の職員朝礼（打ち合わせ）は、原則月曜日のみに設定していた。緊急の場合や月曜日が祝日の場合、着任・離任等される教職員や実習生等からあいさつをいただく場合は臨時に実施する場合もあったが、遅れてくる児童もいるので、通常、月曜日以外は8時30分の始業の時刻を過ぎてもしばらく正門付近に立っていた。

授業

子どもたちにとって、学校生活の中で最も多く時間を要しているのが授業である。多くの教員にとっても、勤務時間の中で最も多くの時間を授業に費やしている。教頭、養護教諭や栄養教諭のように、通常は授業を持たない教員もいるし、主幹教諭（首席）のように授業の持ち時間が少ない教員もいるが、私が勤務していた小学校では、学級担任や専科指導の教員は、だいたい1週間に平均25時間程度の授業を受け持っていた。

授業の受け持ち方は小学校と中学校では大きく異なる。一部を除いて学級担任が全教科を指導する小学校と異なり、中学校は教科担任制であるので、例えば、中学校の担任で自分の担当する教科の授業が週に4時間あり、同じ学年の4学級の授業を受け持っていたならば、週に16時間の担当教科の授業を受け持つこととなる。その他に、週に1時間ずつある道徳と特別活動は原則学級担任が、週に2時間ある総合的な学習の時間は学級担任とその学年に所属する教員が受け持つことになるので、学級担任ならば合計週に20時間が担当する時間数となる。道徳、特別活動、総合的な学習の時間については、学年の担当者が準備を行うことが多いので、自分が担当する教科の授業の準備を週に4時間分だけすればよい。しかし、小学校の担任は、国語、算数から体育、家庭科、外国語の授業まで、専科教員が担当する一部の教科を除いて、多くの教科を毎日の授業で担任が受け持つので、それらの授業の教材研究や準備をしなければならない。もちろん、学年で協力して指導計画に基づいて指導するので、3学級であれば、3人の担任で協力したり分担したりして指導内容を検討し、教材の準備をするのであるが、担任の負担は大きい。

私は教諭時代に、小学校と中学校の両方で担任をした経験があるが、中学校では道徳、特別活動や総合的な学習を別として、自分の担当する教科のみを指導すればよく、空き時間も毎日1時間以上はあったが、小学校で6年生の担任をしていたときは、1時間目は国語、2時間目は体操服に着替えて体育、3時間目は社会、4時間目は道徳、5時間目は家庭科、6時間目は総合的な学習というように、毎日、毎時間異なる授業を行うので、その準備に追われ、大変目まぐるしい毎日だった。6年生なので理科と音楽の授業のみ専科の教員が担当していたため、週でこれらの計5時間のみが空き時間となり、その間に保護者からの連絡帳に返信を記入したり、テストの採点をしたりしていた。空き時間数が中学校の教員の方が多いのは、小学校と中学校では教職員定数が異なり、同じ学級数でも教員の数が中学校のほうが多いことによる。

子どもたちは、授業よりも休み時間や給食の時間に友達と話したり、遊んだりするほうが楽しいと思っているかもしれないが、授業が学校教育活動の中心である以上、私は、「子どもたちに授業の面白さ、学びの楽しさをわかってほしい」、そして「わかった、できたという自己実現を体得させたい」と思っていた。そのためには、教員の授業力が不可欠で、授業で勝負できる教員の育成が重要であると常々考えていた。

児童にとって、学校での生活時間のほとんどを占める授業が面白くない、わからない状況が続けば、不登校や生活の乱れの要因となり、学級が落ち着かない状況になりかねない。現行の学習指導要領では「主体的・対話的で深い学び」のある授業に向けた改善が求められており、今やどこの学校でも取り組んでいることではあるが、授業改善と授業力の向上に向けて、校内で授業研究会を開催したり、多くの教員が教育センターで開催される研修会に参加したり、先進校の視察を行ったりしていた。私が校長として勤務していた小学校では、自ら授業を公開する教員も多く、全校を挙げての指導力向上と授業改善の取り組みが成果を上げつつあった。

私は校長として勤務していた間、折を見て授業中の各教室を回って、授業中の教員や児童の様子を参観していた。これは、校長としての教員の授業力評価という意味もあったが、教員と児童の頑張っている姿を見たいという素朴な気持ちと、困っていることがあれば支援しようという気持ちが大きかった。また、授業といえば教室での授業が一番に思い浮かぶが、運動場や体育館での体育の授業も重視していた。これは、やはり児童のケガや熱中症などの発生の危険性が最も高いからである。原則、担任１人で30～40人の児童を指導し見守っているので、教員は全員を見渡せる位置に立つ必要があるが、そうすれば、一人ひとりへの個別指導は困難になる。そこで、短時間でも私がいれば、複数の目があり、担任は個別指導も可能となる。運動会の練習などは学年全員で行うため、複数の教員が指導にあたるので全体指導と個別指導を両立できる。私がその場にいると、「校長先生に見ていただこう」と担任が児童に声を掛け、児童がはりきって頑張るので、これがまたうれしい。毎回ではないが、授業の最後に少し時間を頂戴して、私から児童に感想や励ましの言葉を述べていた。

休み時間

私が勤務していた小学校では、１日最大６時間授業であったが、１時間目と２時間目、

3時間目と4時間目、5時間目と6時間目の間は5分間の休み時間とし、手洗いや水分補給、次の授業の準備を行い、運動場に出て遊んだりすることはできないルールにしていた。その代わりに、2時間目と3時間目の間に20分間の「中休み（20分休み）」、給食後の掃除時間と5時間目までの間に20分間の「昼休み」と、少し長い休み時間を設定していた。

「中休み（20分休み）」と「昼休み」は、手洗い、水分補給、次の授業の準備に加えて、体操服への着替えをしたり、運動場に出て遊んだり、図書室に行って、本の貸し出し・返却などができる時間帯としていた。当然、児童は、好きなように過ごせる時間帯が大好きで、雨の日は運動場が使えるか使えないかが、とても気になっていたようである。雨が降っていれば運動場では遊べないが、雨は降っていなくても、ゴロゴロと雷鳴が聞こえていたり、水たまりやぬかるみがあったりしてグラウンドのコンディションが悪い場合も、運動場で遊べないことがある。そのため、勤務していた学校では、運動場で遊べない日には、運動場で遊べないことを児童に示すために、見やすい場所に「赤い旗」を掲出していた。この旗を掲出したり、片付けたりすることは、必ずしも校長の仕事ではないが、私は進んでこの役を任っていた。このことを児童は知っていて、雨の後など運動場が使えるかどうかあやしい日には、校長室に私を訪ねて旗を出さないように嘆願に来ることがあった。

また、小雨のために旗を出していたときには、雨が止むとすぐに「校長先生、雨が止みましたので、運動場で遊んでいいですか」などと申し出てくることがあった。校長室に児童が来てくれることは大歓迎の私は、ここでも児童たちと会話をした。そして、「安全が第一だが、できるだけ運動場で遊べるようにするよ」と答え、「雨が上がってよかったね。旗はしまいますが、また雨が降り出したら、途中でも遊ぶのを止めて教室に入ってね」と約束をした。

ところが、数年前から、雨でもないのに運動場での遊びを禁止する事態が生じてきた。これは猛暑（異常高温）による熱中症の予防のためである。私が校長として勤務していた学校では、その日の天気予報や環境省の熱中症予防情報サイトなどを参考にするとともに、小型の熱中症計を用いて「暑さ指数」を実測し、その結果に基づいて「赤い旗」を掲出して屋外での活動を禁止していた。ただ、暑さ指数が「注意」レベルのような場合は、一律に屋外での活動を禁止するほどではないが、水分補給を多めにすることや、体調が悪い場合は運動場の使用を控えることなど、注意して運動場を使用するという注意喚起の必要がある。そこで、新たに「黄色い旗」を用意して掲出するようにした。「黄色い旗」は少しだけ水たまりがある場合などにも掲出し、「赤い旗」のように禁止ではないが、使用する際の注意喚起に役立った。

昨今の地球温暖化が原因と思われる猛暑は、学校教育、特に屋外での活動に影響を与えている。熱中症予防情報サイトや、熱中症計を用いた「暑さ指数」の実測結果によっては、屋外、屋内（体育館）の体育の授業を中止した。プールでの水泳指導については、暑さ指数に加えて水温も測定し、基準を満たしていなければ中止とした。このように暑さにより教育活動に影響が出ることが多くなってきた。加えて２０２０年からは新型コロナウイルス感染症の感染が拡大し、学校へ与えた影響は計り知れない。

給食の時間

私が勤務していた学校では、午前中の授業は12時20分に終わり、給食の時間となる。校長や教頭は、「検食」といって、その日の給食を児童が食べる前に食べることになっている。11時45分くらいから事務職員や校務員と一緒に準備をして、12時前には給食を食べていた。検食は、万が一給食に何か不都合があったときに、児童への提供を中止するために行う。私の経験では、検食により不都合があったことはなかった。これは、給食調理員が給食の調理に細心の注意をはらい、安全・安心な給食の提供を続けてくれていたおかげであり、本当に感謝している。私がしたことといえば、魚の焼き物に骨が多いと気付いた場合に「注意して食べるように」とか、うどんのように量が多くて食缶が熱い場合に「教員が引率して、注意して運ぶように」などと放送で注意を促すよう、教頭や栄養教諭等に指示するくらいであった。

出張等で校内に不在である日以外は、検食の後、給食調理場の近くにある牛乳を入れる大型冷蔵庫の前に毎日立つことにしていた。12時20分のチャイムが鳴り終わると、校内がザワザワし始め、給食の準備が始まる。各クラスで給食当番の児童がエプロン、マスクを着用して、パンまたはご飯、大小のおかず、食器、牛乳などの担当に分かれて給食室やそれぞれの準備されている場所に取りに来る。児童が運搬する負担軽減と安全確保のため、校舎の上層階に教室があるクラス分の給食や食器は、専用のワゴンに入れて、給食専用のリフトで最寄りのフロアに運んでおくが、牛乳は保冷する必要があるため、全クラスの当番の児童が給食調理場近くの冷蔵庫まで取りに来ていた。私が退職する間際になって、紙パック入りの牛乳になったが、長らく給食で提供する牛乳は瓶入りであった。瓶入りの牛乳は、最大20本まで入る籠に入れて冷蔵庫に保管しており、それを児童２人で運ぶわけであるが、牛乳の入った瓶20本弱が入っているのでなかなか重たく、低学年の児童が大型冷蔵庫の重たい扉を開けて、中の棚から自分のクラスの牛乳が入った籠を取り出すのも大変なので、私が見守るのである。高学年の給食委員会の当番の児童も2〜3人が来て、低学年の手伝いをしてくれていたが、冷蔵庫の扉が強風であおられて閉まることがあり、また、多くの児童がどうしても我先に牛乳を出そうとすることもあるので、やはり見守りは欠かせない。

毎日見守っていると、給食委員会の児童が手際よく手伝いをして、牛乳を取りに来る児童もだんだんと段取りよく、整然とできるようになってくることがわかる。それでも、ほぼ毎回私が冷蔵庫の前に立っていたことには理由がある。

一つ目は、給食を取りに来る給食当番の児童や、給食委員会の児童と会話を楽しむとともに、成長を見守るためである。給食当番の児童は、1週間同じメンバーで牛乳、食器といった具合に、同じものを担当することになっている場合が多い。月曜日に初めて私に話し掛けられた児童も、1週間続けると会話も弾むようになり、月曜日にはおぼつかなかった低学年の児童も、火曜日、水曜日と繰り返し、金曜日になれば要領もよくなるわけで、それを褒めると、どんな子でもうれしそうな顔をして、私も笑顔になる。高学年の給食当番の児童も、１週間同じメンバーで手伝いにくる。彼らはほぼ全クラスが牛乳を取りに来るまでいるため、長い時間話をすることができる。中には、少し学習が苦手で、よく友達とトラブルを起こすと聞いている児童も、委員会の役では力を発揮する児童もいるので、私は「さすがやなぁ」と声を掛けて、このことを後で担任に伝えて、担任からもひと声褒めてもらうことにしていた。

二つ目は、給食調理員と会話するためである。私は牛乳の大型冷蔵庫のそばに立っているが、その近くにおかずを取りに来る場所があり、そこには毎日給食調理員が１人ずつ交代で立って、安全確保をしている。その間に、給食調理員といろいろ話ができるのである。職員室や事務室にいる教員や、事務職員、校務員と違い、給食調理員は給食調理場が勤務場所であるため、校長もあまり話をする機会がないのだが、これを機会に１人ずつと話ができる。話の内容は世間話も多いが、すでに検食で給食を食べているので、その日の献立について、作り方を尋ねたり、感想を述べたりして、逆に、調理する上での苦労話などを聞くのはとても有意義であった。

アレルギー対応として卵や牛乳をあらかじめ取り除いた除去食を提供する日は、個別に除去食を取りに来る児童への対応もしているので、取りに来るべき児童が取りに来ない場合には、給食調理員と連携して教室に連絡に行くこともあった。

掃除の時間

私が勤務していた小学校では、給食後に掃除の時間を設定していた。児童全員が自分の教室や各学級に割り当てられた場所の清掃をする。掃除する区域は校内のほぼすべてに及ぶ。私は、できるだけ下足室や玄関、体育館などの共有部分に行き、掃除をしている児童と話をしたり、時には一緒に掃除をしてアドバイスをしたりしていた。だいたいこのような場所は高学年の児童が担当であるが、小学校で児童が使用する掃除道具は、箒と塵取り、雑巾そしてモップ等である。

一生懸命、複数の児童が箒を持って掃いているのを見ていると、1人が一度掃いた部分を、別の児童の掃いたゴミが通過しているのをよく見かける。私が半世紀前に小学生だったときに、当時の担任の先生に教えてもらったように、ちょっとした箒の使い方や効率のよい掃き方を教えるだけでずいぶん上手になる。最近の児童は掃除などまじめにしないと思われるかもしれないが、ちょっとした声掛けをするだけで、「時間だからもういいよ」

と言っても熱心に掃除を続ける児童が本当に多い。校内を巡回するときには、だいたいデジタルカメラを持っているので、熱心に掃除に取り組む児童の姿を撮影し、ホームページに掲載するとともに、必ず担任の教員にも報告していた。すると、担任からは「私からも褒めておきます」という言葉が返ってくる。

下校時間

小学校では学年によって週当たりの授業時数が異なるため、学年によって5時間目まで授業がある日と6時間目まで授業がある日が曜日によって異なり、下校時間も異なる。私が最後に校長として勤務していた学校では、水曜日のみ、全学年が5時間目までの授業であったが、さらに水曜日は掃除時間をカットしていたため、全校児童が比較的早い時間に一斉に下校していた。これは、市内の小・中学校で、水曜日が市内の教職員が集まって会議を行う日と定められていたためであった。また、そのような市内の会議は月に1回程度しかないため、市内会議の日以外の水曜日は、校内で職員会議や校内研修を行うことができる日であった。しかし、勤務していた学校では職員会議や校内研修は他の曜日に設定して、できるだけ水曜日には予定を入れずに、じっくりと教材研究をしたり、授業準備をしたりして、定時に退勤する日（定時退勤日）という設定にしていた。水曜日は週の中日ということもあって、教職員にとって一息つける日としていたのである。

私は朝の登校時間に正門に立っていたが、下校時間も時間が許す限り立つようにしていた。正門の前の道路は、朝の登校時間は一応車両通行止めになっているが、午後はそれが解除されており、交通量が多い。警備会社から警備員も派遣されているが、正門前の横断歩道を渡って下校する児童も多いので、どうしても気になる場所であったからである。水曜日以外は、5時間目終了のチャイムがなり、しばらくすると低学年の児童が下校してくる。曜日によって1年生だけ、1年生と2年生、1〜3年生の日があるが、1〜3年生は、授業終了後に下校せず、敷地内にある学童保育室に行く児童も多い。1年生だけが下校する日は人数が少ないが、児童は元気に「さようなら」とあいさつをして下校していく。時々、図画工作の授業などで作った作品を持ち帰るときがあり、「校長先生、見て」と言って見せてくれる児童も多い。作品を見て「すごいね。頑張ったね」などと声を掛けて見送っていた。

下校時の校門には保護者が迎えに来られることも多い。少し早めに来られた保護者とは世間話をしたが、保護者の方からの質問やご意見をいただくこともあったので、情報収集の場にもなった。民間の放課後デイサービスを利用している児童もおり、その職員が児童を迎えに来たときに、校内で待っている児童に声を掛けることも多かった。

低学年の児童が下校すると、いったん正門付近は静かになり、私も一度校長室等に引き上げるが、すぐに6時間目の終了の時刻が近づくため、再び正門に戻る。終了のチャイムが鳴り終わると、今度は高学年の児童が下校してくる。高学年の児童は学童保育室の利用がないので、正門付近は結構混雑する。児童は友達同士で放課後の待ち合わせ場所を確認し合うなど、楽しく話をしながら下校していくが、どうしても各学級で教室を出る時間に差ができるため、先に出てきた児童が他の学級の友達を待つことが多く、正門付近は混雑することが多かった。

私の学校は校区が広かったこともあって、授業終了後20分以内に正門を出るように指導していた。それは、下校時間に合わせて校区内に立っていただいているボランティアの方の見守りのもと、なるべく児童をまとまって下校させることによって、安全を確保するためであった。したがって、学級担任には最終授業終了後の20分後までには完全に下校させるように協力してもらい、他の友達を待っている児童にも20分後には下校させるように指導していた。もちろん、何らかの理由により、担任が学級の児童を教室に残して指導をしたり、話を聞いたりすることもある。そのような場合は、友達が待っていれば先に帰ってもらうように事前に伝えるよう当該児童に指導するとともに、下校時刻が20分以上遅れる場合は、担任から保護者に連絡するようにしていた。また、終了後は担任が児童を正門まで引率し、必要に応じて児童の家庭まで送るようにしていた。このことは、授業終了後、担任が当該児童と話をする必要があることを保護者と共有することができるとともに、児童の帰宅が遅いという保護者の不安を解消することになった。

しかし、下校時刻に困った事態になることが年に数回あった。それは、梅雨や秋雨の時期などにある雷の発生である。午後から雲行きが怪しくなると、私はインターネットの雲画像と落雷の分布状況を把握し、雷警報機のスイッチを入れて雷雲が接近していないかを監視するとともに、教頭に下校見合わせのメール配信の準備をお願いする。そして、学校上空が黒い雲に覆われはじめ、実際に雷が鳴り始めると、最終授業が終了する直前に、児童を下校させずに、その日の宿題などをしながら教室で待機させるように校内放送を流す。保護者には、落雷の危険を回避するため下校を見合わせる旨のメールを配信する。そして、実際の雷鳴と空の様子、そしてインターネットの雲画像と雷警報機の状況を判断し、安全と判断したら、保護者に下校を始める旨のメールを配信した後、校内放送をしながら児童を順次下校させていた。

下校時刻に雷があった場合はだいたいこのような流れであるが、さらに困るのは、下校している途中に、雷が鳴り始める場合である。このような場合は、やむを得ず、下校途中であってもいったん下校を中断させていた。保護者には一部の児童は下校を見合わせていると知らせるが、できるだけこのような事態にならないようにするのに苦労する。このような事態になって保護者にメール配信をすると、さまざまな事情で保護者が児童を迎えに来られる場合がある。来られた保護者に待機している教室まで迎えに行ってもらうが、案内をする必要もあるので、職員室にいる教員に校舎の入り口に立ってもらっていた。

だいたい、発雷による下校見合わせの待機時間は長くて30分程度であったが、時にはもう少し長くなることがある。長くなる場合に大切なことは、校内放送とメール配信で途中経過をお知らせすることである。ある程度雲の動きはインターネットで予想できるため、「現在まだ雷雲が通過中である」「あと10分ほどで雲が通り抜ける見込み」「ほぼ雲が通り抜けたので、10分後に順次下校を始める」などとお知らせすれば、教室で待機している教職員や児童も待機の目途が立ち、保護者も安心する。鉄道の事故などで車内に閉じ込められた場合に、長時間何のお知らせもなくイライラさせられたという話を聞くが、学校においても、ちょっとした配慮で教職員、児童、保護者を安心させられるのである。

放課後

児童が下校した後は、中学校と異なり、部活動がないため、原則校舎内には児童はいなくなる。しかし、敷地内には学童保育室があるので、これを利用する1〜3年生の児童が残っている。また、夕刻からは運動場等を利用するサッカークラブや野球クラブ等の民間スポーツ団体に所属している児童が集まってくる。そして、近隣に遊び場所が少ないため、一度帰ってから学校に遊びに来ることも認めている。しかし、これらは学童保育室、クラブの指導者、そして保護者が一義的に責任を持つため、教職員はそれぞれの職務に専念することができる。

私が校長を務めていた学校では、校長、教頭や事務職員、校務員、給食調理員には、昼食を食べる昼の時間に45分間の休憩時間を明示していたが、担任を担っている教員は、昼食も児童と共に教室で給食を食べ、昼食指導という指導の場でもあるため、休憩時間には当たらない。そこで、児童が下校した後に45分の休憩時間を明示していた。普通に考えれば、休憩時間は勤務時間の中ほどに与えるのが妥当であるが、学校現場にあっては、児童への指導と安全確保が最重点であるので、少し変則的である。もちろん夏休み、冬休み中などの授業を行わない日は、昼の時間を休憩時間としていた。

放課後の教職員の過ごし方には、いくつかのパターンがある。大きく分けると①校内の会議や研修に出席する、②校外で開催される会議や研修に参加する、③テストの採点や、授業の準備、教材研究をしたり、学年や校務分掌で割り当てられた仕事をしたりするなどの三つである。

①の校内の会議や研修には、職員会議や校内研修のように全教職員が集まって行う会議、教職員が学年所属や校務分掌ごとに分かれて集まって行う会議、一部の教職員のみが参加する会議などがある。一部の教員のみ参加する会議が行われている間に、この会議に出席しない他の教員には、随時必要な作業や環境整備を割り当てていたこともある。

②の校外での会議や研修は、市の教育センターや教育会館、他の小・中学校で開催されるものである。自ら進んで申し込んだりして自主的に参加するものもあるが、中には初任者研修や教職経験者研修のような法定研修や校内の役割により出席しなければならないも

のも多い。これらは、たいてい勤務時間内に終了するため、そのまま出張先から帰宅することができるので、できるだけそれを推奨していたが、どうしても翌日の準備等のために戻ってくる教員もいた。

③は自分が必要とする業務を行うことができる時間である。保護者等に電話をして児童の様子を共有することもできるし、何か困ったことがあれば校長や教頭、同僚に相談することもできる。教職員にとって貴重な時間である。近年、市内小・中学校の電話に自動応答サービスシステムが導入された。私が勤務していた学校では、平日の朝8時から18時30分（水曜日のみ17時30分）以外は外部からの自動応答対応となった。18時30分（水曜日のみ17時30分）以降は、勤務時間外ではあるが、静謐な環境を保つことができるようになった。もちろん、緊急時の連絡先等については事前に保護者には連絡済みである。

第3章

校長の一年

2 学期制

私が教諭として学校現場にいた頃は、市内の全小・中学校は3学期制であったため、4月8日前後に1学期の始業式、夏休みに入る前日（7月20日前後）に1学期の終業式、夏休み明け（9月1日前後）に2学期の始業式、冬休みに入る前日（12月24日前後）に2学期の終業式、冬休み明け（1月8日前後）に3学期の始業式、年度末の春休みに入る前日（3月24日前後）に修了式が行われていた。年間で計6回の始業式（1年生は入学式）と終業式または修了式（6年生は卒業式）があったわけである。これらの日は、通常授業は行わず、給食もないので、昼前には児童は下校することになっていた。

しかし、この3学期制には、いくつかの課題があった。授業数確保が課題である中、年間6日間を始業式、終業式等として設定しなければならないことに加え、3学期は1月の冬休み明けから短い2月を挟んで3月の修了式（卒業式）まで、土曜・日曜・祝日を除くと、授業日数は50日もなく、中学校ではこの間に学年末試験を実施しなければならない。また、この時期は高等学校等の入学試験が行われるなどの事情もあり、特に週に1時間しかない教科では、授業時間を確保し、評価を行うには短すぎた。このような事情を背景に、私が勤務していた市では、数年の試行を経て、平成19年度から市内全小・中学校で、長いスパンで教育活動を計画し、教員と子どもたちが向き合う時間をこれまで以上に増やすとともに、一人ひとりの個性を大切にしたきめ細やかな指導や評価を行うために、前期・後期の2学期制となった。当時は、全国的にも2学期制を取り入れる自治体も多く、結構話題にもなっていた。その後、さまざまな理由で3学期制に戻した自治体もあるようだが、私は、1年間の約200日の授業日を約100日ずつの前期、後期に分割する2学期制に変更したことを今も支持している。市が2学期制に変更したのは私が教育委員会に勤務していた間だったため、校長として学校に戻ったときに初めて2学期制を経験した。

私が校長を務めていた小学校では、夏休み前に個人懇談を実施していた。従来の3学期制のときは、夏休み前の終業式で通知表を渡していたが、それがなくなるため、4月からの児童の学習成果や生活の様子を伝えて、夏休みに取り組むべきことなどを保護者と共有するためである。学級担任は懇談用の簡単な資料を作成する必要はあるが、通知表を作成する必要はないため、負担は軽減された。教室へのエアコンの設置もあり、3学期制のときに実施していた夏休み前の短縮授業（午前中のみの授業）も廃止し、終業式がないため、夏休みに入る前日まで平常授業を行った。もちろん、翌日から長期休業に入るので、全校集会を行い、校長から話をして、夏休み中の生活についての諸連絡を行った。夏休み明けは、従来は9月1日であったが、現在は市内全小・中学校で8月25日前後とし、5日間程度夏休みを短くして、授業時数を確保している。長期休業明けということで、授業再開初日には全校集会は行うが、その日から授業を行っていた。

前期・後期の区切りについては、後期の始まりは10月の第3週の月曜日が市の基準日となっているので、第2週の金曜日に前期の終業式を行うこととなる。しかしこれでは10月初めの運動会が終わると、すぐに学級担任は前期の通知表の作成に取りかからねばならない。私は、日程的に少し慌ただしく、教職員への負担が大きいこともあり、同じ中学校区の小・中学校の校長と協議して教育委員会に申請し、前後期の区切りを1週間遅らせ、10月の第3週の金曜日を前期の終了日とすることを承認してもらっていた。

多くの学級担任は夏休みから通知表の作成準備に取り掛かる。4月から夏休みまでの自分が指導している各教科の学習に関する評価をまとめておき、また文章で記載する総合的な学習の時間や道徳の評価、総合所見などのたたき台となる文章をパソコンに打ち込んでおく。こうすれば、夏休み明けから10月までの評価内容を加えたり、修正したりすればよい。専科の教員による評価が学級担任に届くのは運動会後になるし、各教科の評価の確認を学年の教員で相互に行い、総合所見は校長または教頭が確認する必要もあるので、十分な時間が必要なのである。

10月第3金曜日に行われる前期の終業式は、1時間目または5時間目に全児童を体育館に集めて行っていたが、それ以外の時間は授業を行っていた。土曜日と日曜日を挟んで3日後には後期の始業式を行うが、終業式か始業式のどちらかは放送集会の形式にし、始業前の時間を利用して校長の話と諸連絡を行った。これは授業時間の確保になった。今なら動画配信によるリモート方式で行うことも可能であろう。

冬休み前には、個人懇談を行い、冬休み前後の取り扱いは、夏休みの場合と同様である。そして、3月の卒業式と修了式については、従来の3学期制と同様である。

2学期制は、夏休み・冬休みという長期休業を学期の中に組み込み、長いスパンでの教育活動を行うことが可能になったことに加え、3学期制では計6回実施していた始業式（1年生は入学式）と終業式または修了式（6年生は卒業式）を4回にすることとなり、教職員の通知表作成の時間の軽減と、その時間を授業改善や児童と向き合う時間にあてることができるようになった。また、さまざまな統計や調査、報告等も、年3回から年2回に減らすことが可能となった。

入学式と始業式

入学式や始業式、後述する卒業式や修了式などは、学習指導要領の特別活動の儀式的行事として「学校生活に有意義な変化や折り目をつけ、厳粛で清新な気分を味わい、新しい生活への展開の動機付けとなるようにすること」と位置付けられている。

私は、小学校と中学校の両方で勤務したが、中学校では入学式と始業式は同日に時間差で行い、小学校の入学式は、始業式の前日に行っていた。これは、初めて学校という場所に来る新入生の発達段階を考慮して、できるだけ多くの教員が関わり、全教職員で入学を祝うためである。

入学式は、式場に掲示したクラス分けに従って前に児童、後方に保護者が着席し、通常、開会の言葉、国歌斉唱、校長の式辞、来賓の祝辞、担任発表等を行う。引き続きその場でクラス別に記念撮影を行い、その後は担任と共に新入生と保護者は教室に移動する。保護者が後方で見守る中、新入生は自分の席に座って担任の自己紹介等の話を聞き、1人ずつ名前を呼ばれて返事をし、最後に担任から保護者への諸連絡の後、机上に用意された教科書を持って帰るという流れである。私が最後に校長として入学式を行ったときは、新型コロナウイルス感染症の感染対策として、教科書等は受け付け時に保護者に手渡しておいた。また、教室で密になるのを避けるため、入学式終了後は児童のみ教室に移動し、会場にて教頭や首席等から諸連絡を行い、教室から戻ってきた児童と共に帰っていただく形式に変更した。

入学式そのものは、卒業式と異なり短時間で終了するが、準備については、抜かりのないよう細心の注意を払っていた。特に、掲示するクラス分けについては、文字や読み方（1年生のクラス分けは「ひらがな」で表記する）の間違い、50音順の出席番号の順番違いや、氏名が抜け落ちるという記載漏れなどは絶対に許されないため、市役所から届く住民基本台帳に基づく入学予定者名簿等と何度も照合を行う。地域に住んでいても、私立学校に入学する児童や、入学式直前になって校区に転居し入学することが決まる児童もいるため、直前まで気を抜くことはできない。

細かいことだが、入学式の受け付け時に新入生の胸に着ける名札に事前に氏名や番号を記入し、裏面には下校する地区別に異なる色のシールを貼ったり、教室内の座席やランドセルを入れるための棚や体操服を入れる袋を吊り下げるフックなどにも、一人ひとりの氏名をひらがなで記載したシールを貼ったりするなどの準備をする。これらにも間違いがあってはいけないため、名簿の確定は、とても重要である。

これらの作業は、新1年生の担任だけではなく、入学式会場の会場設営や、環境整備などの作業と共に教職員全員で分担して行った。また、一部の教員に過度な負担がかからないように配慮しつつ、確認は複数で行い、最終的には校長と教頭が行っていた。我が子が義務教育の年齢に達して、初めて学校の門をくぐるという入学式の日に、保護者や児童との信頼関係を崩すようなミスは、些細なことであっても絶対に避けるべきことである。入学式で小学校に対する不信が生まれてしまっては、それは今後6年間続いてしまいかねないからである。

一方、始業式については、進級した新2年生から新6年生のみで実施していた。朝、いつものように正門に立っていると、前日に入学したばかりの1年生から、少しばかり最高学年の自覚が感じられる6年生までの全員が登校してくる。どの子も新年度最初の登校ということで、目を輝かせて登校してくる。新しいクラスの友達、担任の先生との出会いに胸をときめかせているのであろう。教職員も同様である。特に新規採用や転任してきた教職員は、初めての児童との出会いに、大きな期待と少しの不安を感じつつも、新たな1年の始まりへの意気込みを感じさせる表情で出勤してくる。私は、この日の児童や教職員のまなざしと表情が大好きであり、私自身も1年間、児童と教職員が共に健やかに過ごせるよう、心から祈念する日であった。

始業式には、前日に入学した1年生も登校しているが、私が勤務した学校では、上級生との顔合わせは、児童会主催の「対面式」に譲り、始業式には出席させていなかった。2年生以上の児童に対しては、児童にとって見やすい場所にクラス分けを掲示しておき、自分の新しいクラスを覚えさせておいて、荷物等を持ったまま始業式の会場である体育館内に学年・学級別に整列させた。この時点ではまだ担任が誰であるかはわからないので、ここまでは昨年度の学年の教員が指導にあたることになっていた。児童は仲良しの友達と同じクラスになった・ならなかった、そして担任は誰になるのかが気になって少し興奮状態である。高学年の児童になると、初めて見る先生らしき人がいれば、新しく転任してきた先生に違いない、今までに担任をしてもらった先生の姿が見当たらなければ転任したのかもしれない、前日の入学式で発表済みの1年生の担任は候補外だ、などとわいわい話が盛り上がっている。児童にとっても、保護者にとっても、誰が担任であるかどうかは重要な問題である。

始業式が始まると、校長の話に続いて、離任された教職員の紹介（あいさつ等は後日の離任式で行う）、着任された教職員の紹介と一人ずつあいさつをした後、いよいよ学級担任等の発表となり、児童の興奮と緊張はピークに達する。担任氏名は、校長から発表していたが、少しもったいぶって「さあ、何年生から発表しようかな」などと一言いえば、「○年生から〜」と児童の大合唱になるので、だいたい2年生から発表することにしていた。校長が「○年○組の担任は○○先生です」と発表すると、その担任が返事や挙手をしたり、ちょっとしたパフォーマンスをしたりして、その学級の児童の列の前に立つ。すると、児童からは「やったー！」などの声と拍手が聞こえることがある。時には「えーっ」という声もあるが、転任してきたばかりの知らない先生の場合でも、児童の歓声や拍手はあるので、児童も新しい先生との出会いを楽しみにしているようである。

6年生までの各学級の担任の氏名発表が終わった後、特別支援学級（多くの学校では「たんぽぽ学級」や「ひまわり学級」などの愛称がついている場合が多い）担当の先生の紹介と、音楽、理科、算数等の専科や加配の先生、そして図書館支援員、特別支援教育支援員、校務員、給食調理員の紹介をして終わる。

始業式が終了すると、児童は新しい担任と共に教室に入って、新しい学年・新しい学級がスタートする。どの学年のどの学級の担任を誰にするかは校長の責任のもとに決定しているので、発表の瞬間に示す児童の反応は、私にとっても重たいものである。下校する際の児童の笑顔と、教室から戻ってきた各担任の笑顔を見て、新年度の順調な滑り出しを共有するのである。

私の退職する年の最後の始業式は、新型コロナウイルス感染症の感染拡大による全国一斉の臨時休業となり、実施することができなかった。後日、保護者にクラス分けと担任の氏名を記載したプリントと教科書を受け取りに来ていただいた。その翌年も、できるだけ密を避け、始業式は運動場で開催し、短時間で終了させるため、担任発表はクラス分けの用紙に掲載して行った。校内放送で各教室において始業式を行う学校もあったようである。

始業式は10月の後期が始まる日にも行うが、後期の始業式は、校長の話と諸連絡等で終わっていた。

時間割の作成

小学校でも中学校でも4月の始業式かその数日後には授業の時間割を児童・生徒に配布する。例えば、小学校6年生の時間割には、月曜日の1時間目は国語、2時間は算数、3

時間目は外国語（英語）、4時間目は社会…といったように、月曜日から金曜日まで1週間の、曜日、時間ごとの教科等が記載されている。私は自分が小学生のとき、受け取った時間割を見て、月曜日は週の初日から国語、算数、理科、社会が揃っているではないか、それに比べて、木曜日は大好きな図工があり、体育と音楽もあるので、ラッキーだなどと思ったものだが、今の小学生でもそのようなことはあるらしい。

時間割は、文部科学省が告示する「学習指導要領」に定められている学年ごとの各教科等の時間数を基に作成している。早ければ、前年度末から作成が始まる。学習指導要領には、小学校、中学校、高等学校等ごとに、各教科等や領域ごとの各学年の目標や指導内容、指導方法や指導する時間数などが定められており、教科書も学習指導要領に準拠して作成されている。また、学習指導要領において、例えば小学校6年生では、国語の授業時間数は年間175時間と定められている。この175時間を1年間の授業が行われる週である35週（1年間のうち、春休み、夏休み、冬休みや祝日等を除いた日数を週で表すと約35週である）で割れば、175÷35＝5、つまり5時間となり、小学校6年生の1週間の国語の授業時間数は5時間ということになる。なお、ここでいう「時間」とは授業の1単位時間のことで、小学校では45分（中学校では50分）と定められている。

学習指導要領には法的拘束力があるため、小学校6年生で1週間当たりの国語の時間数が5時間であることは全国どこの学校でも同じである。しかし、実際に時間割を作成するにあたっては、実際にはもう少しややこしい点もある。例えば、小学校6年生の音楽の授業時間数は年間50時間と定められているが、35週で割っても、1．428…となり、割り切れないので、音楽の授業を1時間行う週と、2時間行う週ができてしまう。このような教科は他にもあるので、それらを組み合わせて学期ごとに時間割を変えたり、時間割をA週とB週と分けて2種類作成し、それを週ごとに交互に実施するなどして授業時間数を調整している。また、小学校の1単位時間は45分であるが、教科によっては、これを15分ずつ3回に分けて授業を行うことも、指導内容と質を担保できることを条件に認められており、これを「モジュール授業」といい、導入している学校も多い。

モジュール授業を取り入れる理由としては、授業時間の確保がある。例えば、小学校6年生の国語の授業時間数が１７５時間であることはすでに述べたが、国語以外の社会、算数、理科…とすべての授業の時間数を合計すると１０１５時間である。これを年間35週で割ると週当たり29時間となるので、これを月曜日から金曜日の5日に割り振ると、6時間授業の日が4日、5時間授業の日が1日となる。私が校長として勤務した学校では、市内で水曜日は5時間授業にすることを申し合わせていたので、月・火・木・金曜日は6時間授業、水曜日は5時間授業としていた。小学校6年生の総授業時間数が1015時間なので、これでちょうどよいわけである。しかし、私が勤務していた学校も含め、多くの学校では、授業時間以外の時間としてクラブ活動や委員会の時間を週に1時間設定していた。すると、1時間分授業時間数が不足するため、国語の時間の1時間分を15分ずつ3回に分割したモジュール授業を1時間目の前に週3回実施して、週29時間の枠内で授業時間数を確保していた。

私が勤務していた学校では、以前から1時間目の前に15分程度の時間を確保しており、朝の読書タイムとしてボランティアの方による読み聞かせを行ったり、朝学習の時間として繰り返し学習等を行ったりしていた。もっとも、このようなモジュール授業を導入して授業時間数を確保しなければならないのは、4年生以上の高学年であって、例えば、低学年の2年生では年間総授業時間数が910時間なので週当たり26時間となり、低学年のためクラブ活動や委員会の時間もなく、週に1日だけ6時間授業で、あとの4日間は5時間授業となっている。低学年では、朝の時間には読書タイムと、市独自の施策として短時間の外国語活動を導入していた。

小学校では、学年ごとに授業時間数が異なっている。そのため、1年生の担任と6年生の担任とでは授業の持ち時間が異なってくる。そうすると、どうしても高学年の担任の負担が大きくなる。まして、各教科の指導内容は学年が上がるごとに高度になり、児童の発達段階に伴って指導すべき事案も増加し、修学旅行などの宿泊行事や卒業式もあるとなると、高学年の担任希望者はどうしても少なくなる傾向にある。そこで、高学年では、専科教員による授業を取り入れたり、加配教員による少人数・分割・習熟度別指導等を行ったりして、学級担任の負担軽減と、教科の専門性の向上を図ることが多い。私が勤務した学校では、音楽、理科については専科の教員、算数については、加配教員による少人数・分割・習熟度別指導等を実施していた。専科教員による授業の場合は、学級担任は授業のない空き時間になる。加配教員による少人数・分割・習熟度別指導等の場合は、空き時間にはならないが、指導計画、教材準備等は加配教員が担うので、学級担任の負担軽減になっていた。

実際に各学級の時間割を作るに際して、週当たりの各教科の時間数については先に述べたとおりだが、あとは学級担任が好きなように時間割を組めばよいのかといえば、そうではない。専科の教員が担当する授業は、当然1人の人間が同時に複数の教室で授業を行うことはできないのでずらす必要がある。また、音楽室、理科室、家庭科室等の特別教室や、体育館、運動場を使用する学級も重ならないように組まなければならない。一方、学年全体で授業を行うことが多い体育の一部や、総合的な学習の時間、特別活動、道徳の授業時間は、学年で合わせて何曜日の何時間目と決めておく必要もある。

さらに、特別支援学級に在籍する児童がいる場合は、その児童の障害の種別や程度に応じて、特別支援学級の担任との調整も必要である。

多くの学校では、時間割の作成には、上述の事情を把握した経験のある教員が担っているのが通例である。

校外学習

遠足や社会見学などを総称して校外学習と呼ぶ。社会見学では、社会科の授業の一環として、消防署、図書館、公民館、水道施設、ゴミ処理施設等の公的施設や、民間の工場等に見学に行くことが多い。教員が引率して学年全員の児童が校外に出て行くので、細心の注意を払って行うべきものである。

私の学校では、概ね春と秋の2回実施することにしていた。各学年の遠足や社会見学の行き先については、毎年その学年で決めるのではなく、できる限り固定するようにしていた。しかし、実際には新たな施設が開業したり、毎年利用していた施設が改修のために使用できないといったイレギュラーが発生したり、施設の利用料が高くなって利用しにくくなったりすることもあり、社会見学については、人気が高いお菓子工場や自動車工場などは、予約が取れない場合もあった。

後述する林間学校や修学旅行も同じであるが、校外学習は学校外に出て行う教育活動であるため、指導目標を設定することになっている。毎年行っている施設で、すでに行ったことがある教員がいても、必ずそのときの引率教員で下見を行う。目的地までの交通手段は、公共交通機関を利用する場合や、貸し切りバスを利用する場合などさまざまであるが、往復経路や、危険箇所、休憩（トイレ）の場所を確認し、施設の入場料金、昼食場所の確認については、施設側と打ち合わせをする必要がある。他校の話ではあるが、下見を行った上で本番の遠足に出発したのはよいが、目的地に行ってみると定休日であったり、雨天のため昼食を食べる場所がなかったりという話が少なからずあるので、留意しなければならない。下見はしても、おそらく定休日や雨天時の昼食場所の確認ができていなかったのであろう。若手教員が多い中、下見の仕方を丁寧に指導するのが管理職やベテラン教員の役割である。

遠足は、給食を停止する関係から、複数の学年が同日に実施することも多いので、校長や教頭、養護教諭が引率できず、比較的経験の浅い教員のみが引率することもあり得る。公共交通機関を利用する際に、一般の乗客に迷惑をかけるようでは、学校の看板を背負っている引率教員の力量不足が露見するし、乗車時と降車時の人数確認を怠り、一部の児童が集団からはぐれたりすると、大変な問題となる。

また、引率教員の携行品として、救急箱は当然として、乗り物酔いやケガをする児童、忘れ物をする児童がいることもある程度想定して、ゴミ袋、トイレットペーパー、割り箸なども持参するよう、引率教員に伝えていた。ゴミ袋やトイレットペーパーはいろいろと役立つし、割り箸は箸を忘れた児童用である。弁当を忘れる児童はまずないが、箸を忘れる児童は少なからずいる。

学校を出ると、児童はテンションが上がる。何が起こるかわからないが、幸い最近は、ほぼすべての教員が携帯電話やスマートフォンを持参しているので、緊急時のやむを得ない場合の連絡は取りやすくなった。貸し切りバスを利用する際には、バス車両には必ず2

名以上の教員を乗せるようにしていた。万が一、事故や児童の体調不良等が発生した場合の対策である。

林間学校

私が勤務していた小学校では、宿泊行事は5年生で林間学校、6年生で修学旅行を、いずれも1泊2日で実施していた。修学旅行については後述するとして、林間学校は、学校によってキャンプと呼んだり、行き先が海岸付近の場合は臨海学校と呼んだりしていた。

高学年となった5年生は、初めての宿泊行事である林間学校が楽しみでもあり、不安でもある。行き先は、修学旅行に比べて比較的近隣の施設が選ばれ、だいたい学校によって行き先や日程、プログラムが固定されている場合が多い。プログラムは、飯盒炊爨やキャンプファイヤーを中心に、利用する施設によって陶芸などの体験やオリエンテーリング、ハイキング、川遊びや魚つかみ、肝試し、天体観測などを取り入れている。雨天だと実施できないプログラムも多いのが難点であるが、最近では、飯盒炊爨などは余程の大雨でなければ実施できる施設も多い。宿泊場所は公営や民営のキャンプ場などが多いが、民宿や企業の保養施設を利用する学校もある。

校外学習と同様に、下見は重要である。特に、林間学校は初めての宿泊行事で、1日目の昼食（弁当）以外の食事は、アレルギーへの対応が必要であるので、対応の可否についても確認する必要がある。最近は少ないが、使用する枕にそば殻が使用されていて、そばアレルギーのために使用できない児童がいる場合は、その部屋の枕をすべて別の枕に変更する必要がある。

また、投薬の必要な児童や、その他さまざまな配慮が必要な児童もいる。特に、初めて林間学校に参加する児童の保護者の中には心配される方も多く、事前に実施する保護者説明会にて丁寧に説明し、不安な点があれば遠慮なく学級担任や養護教諭に相談するように伝えた。私の学校では、林間学校には教頭に引率責任者をお願いしていた。私は引率しなかったが、緊急連絡の場合に備え、常に携帯電話をそばに置いておくようにしていた。

修学旅行

私が勤務していた当時、高槻市内の小学校では、6年生の1泊2日の修学旅行で広島方面に行っていた。５年生の林間学校で一度宿泊行事を経験しているので、宿泊することに関してはそれほどの心配はないが、少し遠距離になるので、実施にあたっては林間学校以上の準備等が必要である。宿泊場所は、広島県内の場合もあるが、山口県の秋吉台であったり、岡山県の倉敷市であったりとさまざまであった。１日目の最初は、平和教育・平和学習の一環として平和記念公園に行き、原爆ドームや平和記念資料館を見学した後、グループ別に平和記念公園内の碑巡り等も行った。この中で私が一番大切にしていたのは、被爆体験者の語り部の方の話を児童に聞かせることであった。

私は１９８４（昭和59）年に中学校教員として採用され、３年生を担当することになり、修学旅行を引率した。行き先は九州の長崎方面であり、長崎では、長崎原爆の被爆体験者の方の話を聞いた。語り部の方からは、生々しい体験談と平和への思いを聞かせていただいた。１９８４（昭和59）年であれば、１９４５（昭和20）年の原爆投下からは39年が経過していたが、被爆当時、例えば現在の中学校３年生の年齢である15歳であった方は54歳であるように、まだお若かったのである。

私が校長として最後に広島への修学旅行を引率したのは２０１９（令和元）年の11月で、すでに戦後74年が経過していたが、平和記念公園で語り部の方から被爆体験を小学校６年生の児童と共に聞くことができた。その方は、被爆当時小学生であったとのことで、自らの被爆体験と平和への思いを聞かせていただくことができたが、このように児童に語り部の方の話を聞かせる取り組みはいつまで可能なのであろうか。私は、修学旅行前に引率教員が集まる打ち合わせの中で、特に若手の教員に対して、「語り部の方の話は、永久に聞けるわけではない。映像記録や語り継ぐ方からの話を聞くことはできても、皆さんがこれから20年、30年と教員を続ける中で、被爆体験を直接聞ける残された期間はあとわずかである。小学校6年生の児童に聞かせるのは、もちろん大切だが、先生方にとっても貴重な機会であり、大切にしてほしい」「語られる方にとって決して思い出したくない記憶をたどって語ってくださる思いを、心より受け止めるように」と伝えた。

夏休みと冬休み

小・中学校には、夏休み、冬休み、そして春休みという長期休業期間がある。冬休みと春休みは短いが、夏休みは長期にわたる。私が小・中学生の頃や、教職員になってからもしばらくの間は、夏休みは7月20日前後から8月末まで約40日あったが、エアコンの設置と、授業時間数の確保のために、現在は8月の最終週くらいから授業を始めている。

若い頃、よく友人に「先生は夏休みがあっていいなあ」などと言われたものであるが、児童生徒は休みであっても、教職員にとっては勤務日である。中学校においては、部活動の多くの試合や各種競技会、大会等が行われる期間であり、小学校においても、夏休みに入ってしばらくの間は水泳指導を行っている。そして、４月から夏休みまでの間の教育活動を振り返ったり、夏休み明け以降に予定されている運動会などの諸行事の準備のための会議や打ち合わせ等を行ったり、校内や校区での研修会に参加したり、修学旅行や遠足の下見などに行ったりすることもある。

また、新規採用者や教職経験年数が６年や10年の教員は、教育センターが主催する法定研修にも参加しなければならない。その他にも、教育委員会や各種教育団体等が開催する研修会に自主的に参加する教職員も多い。さらに、教員免許更新制に伴う更新講習を受講する年に当たっている教員は夏季休業中に近隣の大学等で開催される更新講習を受講する必要もあった。教員にとっては、決して暇な期間ということではない。児童生徒が登校してこないため、全員で参加すべき研修や会議等の日程は可能な限り休暇期間の始めの１週間程度に集中させて、お盆期間の前後を中心に、休める日には休暇を取得するように伝えた。特に、夏期のみに付与される夏季休暇については、必ず取得するように伝え、有給休暇と合わせて連続した休暇の取得を推奨した。校長と教頭は夏季休業中といえども、どちらかは必ず出勤する体制を取っていたが、数年前から、市の教育委員会より学校閉庁日を設定するよう通知が出されたため、学校閉庁日には校長・教頭も含めて全教職員が休暇を取得することが可能となった。

運動会

学校や地域によっては、「体育大会」「体育祭」などと呼ばれることもある運動会は、児童と保護者、そして教職員にとっても、重要で思い入れのある行事であろう。私が勤務していた高槻市の小学校では、運動会は土曜日か日曜日のどちらかに開催していた。当日の朝は早朝から観戦場所を確保しようと正門に保護者の列ができるので、前日から当日朝の並び方を掲示する必要があった。開門時間になれば門を開けるが、運動場の保護者観覧席まで距離があるため、我先にと走ってケガやトラブルが発生するのを避けるため、教頭を中心に複数の教員で運動場まで誘導していた。自家用車の乗り入れはお断りしていたが、自転車やバイクで来校される保護者も多いので、ＰＴＡ役員の方にも駐輪場への誘導や受け付けなどのご協力をいただいていた。

おそらく、運動会は1年間で一番多くの人が学校に集まる日であった。保護者はもちろん、児童のきょうだいや祖父母も含めて家族で観覧に来られる家庭も多いからである。保護者がこれほど楽しみにされる行事なので、当日まで準備や指導を行う教職員も大いに気合いが入る。

担任の教員は、学年の教員と協力して出場種目や内容を決定し、練習計画を立てなければならない。私が最後に校長として勤務していた学校では、各学年の出場種目は、「走（徒競走かリレー）」「団体競技（玉入れ、綱引き、騎馬戦等）」「団体演技（ダンス、民舞、組体操等）」の三つと決め、「走」と「団体競技」については、学年ごとに種目を固定していた。団体演技については、5年生はソーランなど内容を固定していた学年もあるが、1年生から4年生の演技の内容や、6年生の組体操の内容については、それぞれの学年で検討していた。検討は夏休み前から始まり、学年によっては夏休み中に演技種目に関係した研修会に参加したり、教員が児童に見本を示すために集まって練習したりしていた。

運動会の団体演技については、保護者の期待度も高く、練習に費やす時間も多いので、教員にも力が入る。校長としては、当日までの練習期間においては、熱中症の危険を伴う暑さや台風接近等による荒天や臨時休業の可能性を踏まえ、余裕をもった練習計画を立てるように伝えていた。同時に、児童に過度な負担や危険のない内容であることや、定められた時間内に収まる内容であることを聞き取り、確認していた。特に組体操については、数年前に各地でタワーやピラミッド等が崩れることによる骨折等の事故が発生したことを受け、市内で基準が設定されていたため、これらを遵守することにも配慮した。これらを怠ると、練習日程等に余裕がなくなり、児童に過度な負担を与えたり、行き過ぎた指導に至ったりする可能性がある。また、練習したにもかかわらず、一部を割愛せざるを得ない状況になれば、結果として、児童のやる気を失わせることになりかねない。

また、運動会に向けては、企画・運営の中心となる教員の負担も大きい。担任として自分の学年の指導に取り組みながら、各学年の種目や演技内容の調整、プログラム、会場配置、練習計画等を提案しなければならず、時折、困っていることはないか尋ね、必要な助言をしていた。しかし、運動会を実施することにより、児童は大きく成長し、教員もまたさまざまな経験を積むことになる。特に、運動会のプログラムの最後を飾る6年生の演技では、児童はもちろん、保護者も教職員と共に大きな感動を共有することができた。

私が校長として勤務した最後の年は、新型コロナウイルス感染症の感染拡大により、運動会の実施そのものが危うかったが、なんとか平日に分割して開催し、内容を縮小して実施することができた。しかし、体が触れ合うという理由で、集団競技やリレーが取りやめとなり、６年生の演技に取り入れられていた組体操も、フラッグを用いた演技に変更した。そうした形ではあったが、運動会が実施できたことの喜びと、そこでの感動を分かち合うことができた。

定期監査

学校に勤務しているとさまざまな監査が実施される。監査にはいくつかの種類があった。市町村立学校の設置者は市町村である一方、政令市をのぞけば、教職員の多くは都道府県費負担教職員であるため、学校に対しては、市及び市教育委員会が主体で実施される監査、大阪府及び大阪府教育委員会が主体で実施される監査がある。頻繁にはないが、国の会計検査院による国の補助金の適切な執行状況についての会計検査が実施されることもある。教育委員会の事務局職員が監査を実施する場合、市や府の監査事務局の職員が監査を実施する場合、そして監査委員（議員や外部監査法人等を含む場合もある）が実施する場合などがある。また、隔年で実施される監査と、数年ごとに実施される比較的大規模な監査がある。

監査対象についての詳細は割愛するが、各学校における予算執行に関する内容、備品管理に関する内容、給食や学校保健に関する内容、教職員の出勤状況や手当に関する内容、学校に備えるべき諸帳簿類に関する内容、学校に保管されている個人情報の保管状況、理科薬品や図工、家庭科等で使用する工具や包丁などの危険物の管理状況に関する内容などさまざまである。監査対象になった学校には丁寧な説明があるので心配はない。大切なことは、日頃から適切に事務を執行しておくことに尽きる。日頃から適切に事務を執行し、一定期間ごとに各学校にて点検・確認を行っていれば、監査があっても心配はない。

しかし、監査対象校となるとの連絡があったら、全校体制で準備すべきである。大規模な監査は秋に実施されることが多いので、夏休み等を利用して、全教職員で分担し、諸帳簿類の点検はもちろん、備品や危険物等が適切に保管・管理されているかを確認する必要がある。まず気を付けなければならないことは、廃棄すべきものが廃棄されずに保管されていることがあるので、適切に廃棄するとともに、校内の環境整備や、整理整頓に取り組むことである。要は、監査で指摘されるということは、公務員としての職務怠慢を指摘されることであるという意識を全教職員が共有することである。特に、隔年で実施される教育委員会指導主事等の訪問による監査については、準備が十分にされないまま実施され、結果として不備を指摘されることが多い。監査は点検ではなく、学校が行う点検と確認が適切に行われているかを調べられることであることを十分に認識することが大切である。監査を実施するにあたっては、その準備と調整などの指揮をとるのは教頭であるため、教頭の意識向上が欠かせない。

卒業式

卒業式は、学校における儀式的行事の中で、最も厳粛で清新な気分を味わい、新しい生活の展開への動機付けとなるものである。学校教育法施行規則第57条に「小学校において、各学年の課程の修了又は卒業を認めるに当たっては、児童の平素の成績を評価して、これを定めなければならない」、第58条に「校長は、小学校の全課程を修了したと認めた者には、卒業証書を授与しなければならない」と定められているとおり、法的根拠に基づく、

1年で最も重要な行事である。行政、地域等から多くの来賓に臨席いただき、校長にとっても1年で最も緊張する場である。

私もこの日ばかりは、モーニングを着用して式に臨んだ。入学式が、その日に初めて登校する新入生が主役であるため事前の練習などはないが、卒業式は最高学年の6年生が主役であるため、3月に入ったら卒業証書を受け取る練習や卒業の言葉、合唱の練習が始まる。この頃には6年生で履修すべき授業内容はほぼ終わっており、6年生は「卒業式モード」に入る。また、学校にもよるが、私が勤務した学校では、5年生も在校生代表として卒業式に出席していた。卒業生の入退場時の合奏を行い、卒業生を送る言葉や合唱を披露して、最高学年のバトンを受け継ぎ、自覚を高めるための場ともなる。

卒業式は、開会の辞に続いて、国歌斉唱、校歌斉唱を行い、卒業証書の授与を行う。学校の規模や卒業生の人数にもよるが、私が校長として勤務した小学校では、1人ずつ自らの決意を述べた後、演壇の前に出て、校長が授与する卒業証書を受け取っていた。一人ひとりの児童とアイコンタクトを取り、卒業証書を手渡すのは校長冥利に尽きる。小学校を卒業後、私立中学校に進学する一部の児童と、卒業と同時に転居等をする児童以外は、ほとんど校区の中学校に進学するが、小学校の卒業式に重みがあるのは、6年前に1年生として入学した我が子が、6年間で心も体も大きく成長して卒業する姿が、保護者にとって何よりも感無量であることが大きいと思う。

卒業証書の作成には細心の注意を払わねばならない。以前は、本文が印刷された卒業証書に、氏名、生年月日、発行番号を1枚ずつ毛筆で揮毫していたそうだが、現在は一括で印刷している。しかし、紙は卒業証書用の用紙で余分がないため、間違いは許されない。担任を通じて、事前に児童本人及び保護者に確認した卒業生の氏名（字体も含む）や生年月日等を入力し、コピー用紙等に試し刷りをして、複数回確認する。学校には卒業証書台帳があり、そこには学校開設時からの卒業者氏名が番号を振って記載されている。そのため、前年度の最後の番号の次の番号が今年度の最初の番号となり、今年度、卒業証書を授与する順（通常は学級別の出席番号順）に番号を振っていく。私が校長として勤務した小学校2校はいずれも明治時代に創立され、１４０年を超える歴史があるため、番号は1万を超えていた。

卒業証書の授与が終わると、校長の式辞と来賓紹介、来賓祝辞、祝電披露等と続き、卒業生による「卒業の言葉」が続き、続いて在校生代表である5年生による「送る言葉」と合唱があり、最後に卒業生が合唱を披露して、式は終了する。

校長が同一校に勤務するのは2～5年程度であることが多く、入学式で迎え入れた児童に卒業証書を手渡すことはほぼないのだが、教員は新規採用者で6年、他校からの転任者は10年程度まで同一校で勤務できるので、教員にとっては、入学時から知っている児童を6年生で担任して卒業させるということもあり得る。6年生を担任すると、最高学年としての自覚を育てねばならない。加えて、各教科等の授業内容も高度化し、修学旅行もあり、クラブ活動や委員会活動でも6年生が中心となり、運動会でも6年生の競技や演技は期待される。そのため、やはり教員の本音を聞けば、できれば負担の大きい6年生の担任は引き受けたくないという声もある。しかし、卒業式が終了し、児童や保護者がなかなか帰ろうとせず、卒業生と写真撮影をしたり、保護者から感謝の言葉を受けたりする経験ができるのは、6年生の担任だけであり、私が卒業式終了後に各担任を慰労する際に感想を聞くと、必ずと言っていいほど、「6年生を担任でき、卒業生を送り出すことができてよかったです」との言葉が返ってくる。6年生の担任を終えた教員自身も、1年間で大きく成長したことに大きな喜びを感じる。6年生を担任したことのない若い教員に「6年生の担任を見てどうですか」と声を掛けた際、「いいですね。私も6年生の担任がしてみたいです」との言葉が返ってくることがある。学校がよい方向に循環していることを感じる瞬間である。

終業式と修了式

終業式と修了式の違いを、私は教員になってしばらくの間は知らなかった。やがて、先輩教員から、学期の終わりに行うのが終業式で、年度末に行うのが修了式だということを教えてもらった。一方、修了式という言葉を使用せず、すべて終業式と呼んでいる地域もあるようである。

修了式は、卒業式が終わってから数日後に行われる。学校教育活動の1年間の最終日である。すでに6年生は卒業しているので、この日に登校してくるのは1年生から5年生までである。体育館などに全員が集合すると、やはり6年生の姿が見えないのは少し寂しい気がするのは、児童も教職員でも同じである。

修了式は、校長の話と諸連絡等のみで比較的短時間で終わる。校長の話としては、特に、5年生に対しては、卒業式の準備・後片付けや当日の合奏等によって華やかな卒業式ができたことに感謝するとともに、４月から最高学年となることへの期待を述べる。１年生に対しては、４月から新しい１年生が入学してくることを伝える。全学年に対しては、１年間を振り返って、大きな成長が見られた各学年の行事などの話をした。また、通知表（私が勤務した学校の多くでは通知表のことを「あゆみ」と呼んでいた）には、最後の欄に「○学年の課程を修了した」ということを証明するために、校長の名前と四角いハンコ（公印）が押してあること説明した。１年間の学習と生活の記録としての通知表に、重みをもたせるためである。

第4章

校長として大切にしてきたこと

校長室では

学校には校長室がある。通常、校長は学校に1人であるから、個室があるということである。学級担任には自分の教室があり、事務職員には事務室があるが、これとは大きく意味が異なる。

私が校長として勤務していた学校の校長室は、だいたい普通教室の半分程度の広さで、室内には応接セットと、重要書類等を保管するためのキャビネットやロッカー、事務机があった。事務机は、両袖に引き出しがある大きなもので、椅子もひじ掛けがあった。机上には校長専用の電話もあった。

初めて校長を拝命して学校に着任し、校長の椅子に座って机に向かったとき、「ああ、校長になったのだな」という実感が湧いた。先輩校長からは、校長室は校長が学校経営方針をはじめ、学校経営上のさまざまな課題解決に向けて熟考するための部屋であり、そのための必要な環境が与えられているのだと教えられたことがある。確かに、校長として着任した瞬間から落ち着いて考えなければならないことが山のようにあり、教育委員会等と連絡を取り合うことや、地域関係団体からの来客も多かった。そして、教頭や事務職員をはじめ、教職員が相談に来る。校長室は校長にとってなくてはならない部屋なのである。とはいえ、校長が朝から晩まで校長室に閉じこもっているのは、いかがなものかと思う。

私が着任した学校の校長室は、入り口でスリッパに履き替えて入ることになっていた。履き替えることは校長室内をより清潔に保つ上では役立つと思うが、もともと、校舎内は玄関で上履き（来客はスリッパ）に履き替えることになっているのだから、校長室前でさらに履き替えるのはそれほど意味があるとは思えなかった。そこで、私はまずこれを廃止して、「そのままお入りください」と表示した。そして、私の在室中は原則として、来客時や教職員等と個別に話をするとき以外は、扉を開けておくことにした。これにより、何よりも教職員にとって「敷居の低い校長室」にしたかったのであるが、同時に、外からの音を聞き取りやすくする目的もあった。扉を閉めていれば聞こえない音や声が、開けていれば聞こえてくる。緊急事態があれば、教職員がバタバタするのでその雰囲気が伝わってくるし、時には児童の泣き声や、児童同士がケンカをしている声が聞こえてくることがある。私は、校内では運動靴を履いていたが、入り口でスリッパに履き替える必要がないため、当然、校長室内でも運動靴である。そのため、何かあれば運動靴のまま開いている出入口を通って駆け付けることができたのである。

教職員も、私が校長室に在室しており、来客がないときは扉が開いているので、私に用事があるときや、校長室に保管されている書類等の出し入れの際には、一言かけて入室してくるようになった。その教職員が急ぎでなければ、少し話をすることもできた。扉が閉まっているときには、急ぎの要件であればノックをするし、急ぎでないときは出直せばよいのである。また、私が出張等で不在の際は施錠しているので、不在であることはすぐにわかる。

校長室の扉を開けていると、休み時間に前を通る児童が顔を出すことがある。校長室の壁面に歴代の校長の肖像写真が額に入れて飾ってあるのを見て、高学年の児童は「校長先生の写真はないのですか?」などと声を掛けてくれ、しばしの会話を楽しむことができた。

実は、私は校長室にはあまりいなかった。かといって職員室にずっといても、そこには自分のパソコンがないので、仕事ができるわけではない。また、校長がうろうろすることで、かえって教頭や他の教職員にとって仕事がやりづらい面があってはいけない。そのため、だいたい校舎内を巡回して授業の様子を見るか、運動場をはじめとする敷地内の安全点検を兼ねて巡回することが多かった。

校長が校長室にいなければ、電話がかかってきたときに、電話を受けた教頭等が私を探すことも多く、その間相手に待ってもらうことも多かったが、緊急の場合以外は、相手先のお名前と電話番号をお聞きして、後ほどこちらから折り返し電話をするという対応にしてもらった。私は教育委員会で勤務した経験があり、そのときは校長に電話をかけることが多かった。電話をかけて、すぐに電話に出てくれる場合はありがたいが、校内にいても校長室に不在の場合は、再度かけるか折り返しの電話を待たなければならない。当時は、校長は校長室にいてほしいと思っていたが、今では反省している。

教職員も学校の宝

私が校長として勤務していた学校には、板書の字が美しい中堅教員がいた。この教員の教室に行き、黒板に書かれている文字を見るだけでほれぼれして、なんとこのクラスの児童は幸せなのだろうと思っていた。小学校の低学年の児童は担任の影響を受けやすいといわれている。一日の多くを担任と過ごす中で、担任の言葉遣いや立ち振る舞いを、児童は真似るつもりはなくても一年の間にいつしか身につける。きっと、このクラスの児童がノートに書く文字も美しいのではないかと思う。師範学校では「板書法」の講義があったと聞いたことがあるが、私の卒業した教育学部の教員養成課程ではそのような講義はなかった。今後、教育のＩＣＴ化がさらに進むと黒板は無くなり「板書」は不要になるかもしれないし、粉が出る黒板よりもホワイトボードに置き換わっていくことも十分予想される。しかし、黒板にチョークで書く文字の「とめ」「はね」「はらい」を表現した文字の美しさは、デジタルでは到底及ばないと思う。

私は、この教員を講師として、若手教員を対象とした板書法の研修会を開催したいと思っていた。ここでは板書を例に挙げたが、各教職員にはそれぞれ得意なところや、良いところが必ずある。校長は、それぞれの教職員の良いところを見抜いて、それを認めることが大切である。苦手なところや至らないところはどうしても目についてしまいがちで、かつそれを指摘するのは簡単なことである。しかし、教職員自身もおそらく自分の欠点として認識していることが多いので、それらをただ指摘するだけでは教員の自信喪失につながりかねない。私は、至らない点を放置するわけではないが、まず、得意な点、素晴らしい点を褒めることを心掛けた。

イラストの得意な教員は、毎年全教職員の似顔絵を一枚の紙に描いてくれた。個々の似顔絵に氏名は書かれていないが、よく見ると誰だかすぐわかる。私はそのイラストを今でも大切に持っている。音楽の得意なベテランの教員もいた。ピアノの腕前が素晴らしく、音楽の専科教員ができるほどの実力を持っていて、学級担任として、毎日の朝の会や下校時の終わりの会に音楽を取り入れていた。

また、ある若手教員は、職員室で保護者に電話する際の言葉遣いが素晴らしかった。民間企業での勤務経験があったそうだが、決して事務的ではなく、保護者の声を傾聴し、伝えるべきところを丁寧に伝える姿は素晴らしく、この教員に対する苦情は聞いたことがない。この教員にはコミュニケーション力が備わっており、授業にも活かされていた。ダンスの得意な若手教員は、休日にレッスンを受けているらしく、その演技は、児童のみならず教職員にも人気であった。この教員が運動会の演技指導をすれば、当然児童の演技も見ごたえのあるものになり、児童は達成感を味わうことになる。「卒業生を送る会」で、６年生に関わった若手教員たちがダンスを披露したことがあったが、この教員を中心に練習して準備したヒット曲によるダンスに、飛び入りの児童も加わって大いに盛り上がった。児童が教員に魅力を感じることができれば、授業においても教員の言葉が児童に入っていく。

その他にも、ギターが得意な教員、サッカーが上手な教員、英語が堪能でＡＥＴ（アシスタント・イングリッシュ・ティーチャー）とネイティブのように意思疎通ができる教員、手書きの素晴らしい「お便り」を作成する教員…と、人材は豊富である。

このように書くと「自分には何の取り柄もない」などと思われる方もおられるかもしれないが、私はそうは思わない。私は、学級担任をしている教員に「学級内の児童一人ひとりの良い点を見つけて声掛けをしよう」と伝えていたが、私は経験上、教職員一人ひとりには、それぞれ他の人にない良い面を持っていることを確信しているし、それを見出すのが校長の役割であると思う。そのためには、私も教室で教員の授業の様子を観察するのはもちろん、日頃からのコミュニケーションを大切にしてきた。

私は、教職員と話をするときに、必ずしも校長室に教職員を呼ぶという形をとっていなかった。もちろん立ち話では教職員に失礼であるが、ケースバイケースで、内容によっては印刷室で教職員が印刷する傍らで話をしたこともある。放課後に自分の教室で採点をしたり、作品を掲示したりしているときに話をしたこともある。校長は「教職員も学校の宝」であることを常に意識する必要がある。

教職員への情報提供

年度当初の４月１日に、校長は職員会議で当該年度の学校教育目標や重点取り組み等を教職員に伝え、共有する。新任や転任の校長の場合は少し遅れることもあるが、遅くとも入学式か始業式の頃までにはこれを行う。

私も新任として着任したり、転任して着任したりした際は、前任の校長から引き継ぎつつも、修正したりするために少し遅れたことはあった。しかし、私は校長として、これとは別に必ず４月１日に教職員に対して伝えていたことがある。それは、全教職員の勤務時間、休憩時間等の明示である。このようなものは、通常、前年度から変更することはなく、その学校に複数年勤務している教職員にとってはわかりきっていることでもあるが、年度当初の人事異動で、新規採用者や転任者が配置されることがあり、多様な勤務形態の教職員が新たに配置されることもある。したがって、初日に、各教職員の勤務時間と休憩時間等を明示しておくことは必要であり、このことで新転任者や非常勤職員はもちろんすべての教職員にとって働きやすい職場となるのである。

私は折りに触れ、後輩の新任の校長に対して、これを必ず行うように伝えていた。新任の校長や転任の校長のために時間的に厳しい場合は、まずは口頭で明示し、後日プリントにして配布すればよい。そして、忘れてはならないことは、職員会議に出席しない校務員や給食調理員等にも漏れなく明示することである。

校長は、ほぼ毎月開催される校長会に出席する。そこでは市内小中学校の校長が一堂に会して、教育委員会各課からの指示事項や事務連絡を聞くことが中心だが、研修を受けたり、校長間でさまざまな情報交換をしたりすることがある。また、学校には毎日のように校長宛てに文書やメールで通知文などが届く。私は校長会や、文書、メールにて提供された情報をできる限り教職員に提供し、情報を共有することを心掛けていた。もちろん、「校長限り」の情報もあるが、特に、勤務条件や服務、諸制度の新設や改廃に関することや、人事異動に関する情報提供を漏れなく教職員に提供することは校長の義務であると考えていたので、特に気を遣っていた。教職員にとって、もし勤務条件の新設や改廃を伝えられずに不利な扱いとなったり、人事異動に関する情報を知らされずに人事異動の機会を奪われたりすれば大変なことになる。

確かに、教育委員会等から提供される情報は多く、文書量も多い。私が教諭だった頃は、多くの文書類が回覧板に挟まれて、職員室の机上を回っていた。しかし、自分の机上に置かれていても、多忙な中、中身を精査せずに押印して隣の机に置いたことも多かった。それに、仮に読んだとしても、当時の私には行政文書の内容のすべてを理解できたとは思えない。今の教職員は、より多忙でもあるので、私が最後に校長として勤務した学校では、毎日の職員朝礼（略して「職朝」と呼んでいた）を原則毎週月曜日のみの週1回にする代わりに、教職員用のファイルサーバーの共有フォルダに連絡事項を記載するための「職朝ノート」と呼ばれるファイルを保存していた。連絡事項のある教員はそこに記載し、全教職員は毎日その職朝ノートを確認するという体制ができていたので、私も情報提供すべき内容をわかりやすく記載していた。詳しく知りたい場合は、別のフォルダに保存されている文書を確認するか、直接校長まで申し出ればよいのである。

この職朝ノートは、過去の内容も参照できるようになっているので、休暇取得や緊急対応等でその日の朝に確認できなくても、午後でも翌日でも確認できるので便利であった。しかし、すべての情報提供をこの手段で提供していたわけではない。例えば、新聞記事などに大きく取り上げられた情報を至急教職員と共有したい場合は、印刷物にして各教職員の各机上に配布したこともある。出勤した教職員がパソコンを立ち上げる間にでも読めるからである。アナログのほうが早く、確実な場合もある。

ひと昔前であれば、校長が情報提供せずとも、教職員組合から情報提供されることも多かったが、今では教職員の組会加入率も低くなっており、多くの教職員にとって校長が伝えるしか情報を得る手段がないので、校長の役割は重要である。

教職員のストレス対策

学校の教職員は、ストレスが多い職業といわれている。ストレスのない職業はないとも思うが、個人的な見解としては、人命を預かる職業は特にストレスがかかる職業ではないだろうか。医師などの医療従事者は言うまでもないが、旅客機のパイロットや、鉄道、バス、タクシーの運転手の方も、乗客の人命を預かって、安全・快適に、しかも定時に目的地に運ぶ必要がある。

では、学校の教職員はどうであろうか。担任を持つ教員のある一日を見てみよう。まず、朝、自分が健康であるかを確認して出勤する。発熱しているなど体調の悪い状態では、児童の前に立つことはできない。出勤後、自分が担任する児童について、欠席その他の電話連絡が入っていないかを確認し、始業時刻には教室に行って児童と朝のあいさつをするとともに、欠席者の確認と保護者からの連絡帳等の提出がないかを点検し、出席児童の健康観察をして、宿題のノートやプリント等の提出物があれば受け取る。授業が始まれば児童が授業の用意をしていることを確認した上で、その日の指導計画に従って授業を行い、授業中の児童の学習状況を評価する。体育の授業であれば、運動場の気象条件と当日の見学者等の確認をし、準備運動等をした上で、当日の授業内容を行い、常に児童の体調変化やケガ等がないかを確認しなければならない。理科の授業で実験を行うときには、事前に予備実験を行うなど、特段の安全配慮をした上で授業に臨む。家庭科や図画工作などで包丁やカッターナイフなどの刃物類を使用させる場合は、事前に使用上の注意事項を指導した上で、ケガの防止に努めなければならない。もちろん、授業前後の刃物類の本数の確認は欠かせない。

児童の休み時間には、児童のノートやプリント等を点検することに加え、保護者が連絡帳に何か記載している場合はそれを読む。必要に応じて返信をするが、重大な事案などの場合は校長や教頭等に報告する必要もある。また、教室にいる児童の様子を見ていて気になる場合は声掛けをすることも多い。時には児童と共に運動場に出て、ボール遊びなどをして児童と接しつつ、児童の様子や児童間の関係を観察する。給食の時間には、給食当番の児童が給食室から安全に食器やおかず、牛乳等を運搬し、配膳することを見守り、全員ができるだけ残さず食べるように指導する。特に、食物アレルギーの児童が在籍している場合は、その日に食べないものや別の除去食が提供されるときには、それらを確認しなければならない。給食後は、当番の児童が、自分の教室やその他の担当場所を清掃する様子を見守る。そして、午後からも授業を行い、終業の時間までに必要な配布物や預かった連絡帳等を児童に渡し、翌日の持ち物や連絡等を連絡帳に書かせ、忘れ物をしないよう伝え、児童が下校するのを見送る。

ざっとこのような流れであるが、在校中に体調を崩した児童が出た場合は、保健室に連れて行き休養させるが、養護教諭の判断によって早退させる場合は、保護者に連絡して、お迎えをお願いすることになる。休み時間や体育の授業、図工の作業等でケガをした場合には、養護教諭と連携して、応急処置をし、必要に応じて保護者に連絡を取った上で近隣の医療機関に引率して受診させたりもする。担任は教室にいる他の児童への指導があるため、医療機関には養護教諭等が引率するが、保護者に丁寧な説明をする必要がある。ケガには至らなくても、児童同士のケンカやトラブルが発生した場合や、児童の持ち物が紛失や破損した場合などは、それぞれから事情を聴いて事実関係を固定した上で、適切に指導をして、その経過を関係児童の保護者に連絡しなければならない。その日に起こったことは、その日のうちに解決し、子どもを笑顔で帰宅させることが重要である。

旅客機のパイロットと小学校の担任とを同一の尺度で比べることはできないが、航空業界が高度な安全管理システムを構築しているのに対して、学校では、いかに担任の教諭が1人で責任をもって指導に当たっているかということがわかっていただけると思う。学校も組織的な対応として同学年の他の学級の担任や担任外の教員も協力し、校長、教頭や首席、指導教諭が関わることも可能ではあるが、授業を行い、児童を見守り、保護者に連絡するなど、児童や保護者と向き合うのは、第一に担任の教員だからである。中学校であれば、各教科によって授業を受けもつ教員が異なるし、放課後の部活動は生徒にとっては学校生活の中で大きな位置を占めるので、部活動の顧問の教員との関係も深く、多くの教員で見守ることができるが、特に小学校低学年では、音楽、理科などの専科教員による授業もないため、通常、登校してから下校するまで、児童は担任の教員ただ1人のみと接することになる。しかし、担任は35～40名の児童を平等に見守らねばならないのであるから、本当に精神的な負担やストレスは大きい。

児童が下校した後は、保護者との連絡や家庭訪問を行うこともあるし、翌日以降の授業の準備等を行う。授業は、年間指導計画に基づき、授業進度や使用する教材等を学年で確認した上で行う必要があるため、準備なしでは行えない。さらに、学年の教員が集まって行う学年会議や、全教職員で行う職員会議、また、さまざまな校務を分担して担当する（これを「校務分掌」という）教員が集まって行う会議、そして、校内外でさまざまな目的で開催される研修や会合などに参加しなければならない。

このように多忙でストレスを抱えることが多い教職員に対して、私は、まず声掛けをすることを心掛けていた。教員から報告があったことについては、その後どうなったのかを尋ねて、対応に問題がなければ、「適切な対応をありがとうございました。お疲れさまでした」と声を掛けて自信を持たせ、対応が不十分であると感じたときには、不十分な点を教員に考えさせ、適宜助言して、解決まで見守った。

何か問題があったときには、担任が職員室から保護者に電話をかけることや、保護者から担任に電話がかかってくることが多い。また、こちらから保護者に電話連絡しようと思っても、保護者の仕事のためになかなか連絡がつかない場合もある。実は、校長室にいても学校の電話の使用状況がわかるようになっており、各回線のランプが長く点灯し続けている場合は長い電話であることがわかる。そんなとき、私は職員室に赴いて、電話をしている教員の表情を見る。笑顔を交えながらの長電話であれば心配はないが、そうではない場合は、何か深刻な内容かもしれない。また、保護者になかなか連絡がつかない場合は、自分も仕事をしている体で一緒に待つ。そして、電話が終わるのを待ち、電話の内容について共有する。つまり、教職員がさまざまな事案や悩みを１人で抱え込まないようにすることが大切なのである。

私は、教頭と共に各教員の抱えるさまざまな事案や悩みを聞き、必要な対応を共に考え、必要な指導助言を行っていた。内容にもよるが、今後この件の対応は管理職（校長または教頭）で預かるので、安心するようにと伝えたこともあった。その日の件はその日のうちに解決して、学校を出るとき、その教員の心の負担を軽くして帰宅させることが何よりも重要である。そうすることにより、翌日、笑顔で「おはようございます。昨日は、お疲れ様でした」と言葉を交わすことができるのである。

日頃からのストレス解消もまた重要である。教職員と話をする際に、折に触れて、ストレス解消法について話題にしていた。若手教員は「休日には、スポーツジムに行っています」「バンドをしています」「友達と食べ歩きをしています」、ベテラン教員は「孫と遊んでいます」「美術館巡りをしています」と、いきいきと話を聞かせてくれる。それぞれの教職員の心の健康を見守るのは、校長の役割である。

教職員の勤務時間

教職員の勤務時間は、校長、教頭、教諭等のフルタイム勤務者の場合、1日7時間45分と決められている。多くの学校では8時30分までに出勤し、間に45分の休憩時間を挟み、17時以降に退勤することになっている。私が最初に教諭として採用されたときは、1日の勤務時間は8時間であり、退勤時刻は17時15分であったが、平成の中頃に「時短」となって、現在の1日7時間45分となった。週当たりは38時間45分ということになるが、同じく学校に勤務する校務員や給食調理員、そして多くの非常勤職員はそれぞれ1日や週当たりの勤務時間がそれぞれ異なっている。

教諭等の勤務時間であるが、教職員の勤務時間と勤務実態の間にはさまざまな課題がある。例えば、教員の勤務開始時間は8時30分であるが、8時過ぎから児童は登校してきて、教室に入ってくる。中には、ランドセルなどの荷物を教室に置いて運動場に遊びに行く児童もいる。このときにケガや事故が発生した場合は誰が責任をとるのか。これには明確な答えはなく、実際には多くの教員が８時30分より早く教室にいて、何かあれば自分の学級や学年にかかわらず対応しているのが現状である。また、休憩時間は児童が下校した後、会議等が始まるまでの45分間としているが、その間に児童を指導しなければならない場合や、児童が帰宅後に保護者から問い合わせの電話がかかってきて対応しなければならない場合もある。また、出張に出かけて研修を受ける場合は、休憩を取得してからでは間に合わない。

私は、事前に所定の休憩時間に休憩が取れないことがわかっている場合は、休憩時間の一部または全部を、例えば給食後や児童の休み時間、空き時間があればその時間に変更して取得するように声掛けをしていた。

また、勤務終了時刻の17時にすみやかに退勤する教職員は少ない。校内での会議や研修は、特別に緊急性のある職員会議等を除いて17時以降まで延長することはなかったし、市の教育センター等で開催される研修会なども17時には終了する。しかし現実には、その後、教員は翌日以降の授業や教材の準備や、自分の分掌の業務をしなければならないという実態が多くみられる。さらに、担任している児童の件で保護者に連絡したが、連絡がつかない場合は、連絡がつくか折り返しかかってくるまで待たねばならない。そうすると、教員の退勤時間がだんだんと遅くなってしまう。保育所に我が子を預けている教員は、保育所への迎えの時間に限りがあるため仕事があっても残ってすることができない。かといって、個人情報を持ち帰ることは原則として認められていないため、帰ってから仕事をすることも困難である。多くの教員が少しでもわかりやすく、楽しい授業をしたいという熱い思いを持っているので、限られた時間という枠の中で、たいへん忙しく仕事をしているのが学校の実態である。

ここで、林間学校や修学旅行などの宿泊を伴う学校行事を引率する教員の勤務時間について述べておきたい。詳しくは後にも述べるが、宿泊を伴う学校行事を引率する際の勤務については、法的に正規の勤務時間を越えて勤務させることが可能である。しかし、長時間に及ぶ勤務時間とその業務の特殊性から勤務の割り振りを行うこととなっている。例として、1泊2日の修学旅行の場合、初日の教員の集合時刻を午前7時として、1日の行程が終了して、児童の就寝を確認してから職員でその日の反省や翌日の確認等の打ち合わせが終わり、初日の勤務が終了する時刻が23時30分だったとすれば、教員の拘束時間は16時間30分に及ぶ。このうち、休憩時間の1時間（労働時間が8時間を超えるので1時間の休憩時間を付与しなければならない）を差し引くと15時間30分勤務となるが、1日の勤務時間が７時間45分であるので、この日はその２倍、つまり２日分勤務したことになる。このような場合は修学旅行の前後どちらかに、１日の勤務不要日を設定して、勤務の割り振りを行うことになっている。さらに、必ずしも１日単位ではなく、７時間45分勤務を４時間勤務と３時間45分勤務に分けて運用することもできることとなっている。例えば、修学旅行の２日目は、児童の起床時刻である朝６時の30分前の５時30分を勤務開始として、最終的に学校に戻って解散する18時を勤務終了とすれば、この日の勤務時間は１時間の休憩時間を除くと11時間30分となり、通常勤務時間を３時間45分の超過となるため、別の日に４時間勤務（３時間45分は勤務しない）の日を設定できることになっている。このように宿泊を伴う学校行事に限っては、勤務を割り振ることにより超過勤務への対応が可能となっている。また、引率教員には、宿泊を伴う引率業務に係る特殊業務手当や、午後10時以降の勤務については夜間勤務手当も支給されることとなっている。

校長は、宿泊行事を引率する教員が決定した際には、これらの勤務割り振りや手当の概要について説明し、それらの根拠となる行程等を記した書類等の準備をさせる必要がある。これは校長の義務である。

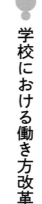

学校における働き方改革

教職員の長時間勤務とストレス解消については、「働き方改革」が必要不可欠である。文部科学省は中央教育審議会の答申を受けて、「学校における働き方改革」の取り組みを進めている。学校や教員が担うべき業務とそうでない業務の明確化や、勤務時間の上限（在校時間から定められた勤務時間を引いた時間の上限を月45時間、年間360時間を超えないようにすること）、変形労働時間制の導入、スクールカウンセラーやスクールソーシャルワーカー、部活動指導者の学校への派遣、IT技術を活用した校務支援システムの導入、給食費や学校徴収金等の公会計化（学校が徴収する必要がなくなる）といった改革案が示され、一部は導入されつつある。

私が校長として勤務していた学校でも、最近になって、週に1日の定時退勤日（ノー残業デー）や夏休み中の学校閉庁日、勤務時間外の自動応答電話などが市教育委員会の支援もあって導入され、現在では校務支援システムも導入されている。校務支援システムは、従来手書きで作成し、紙ベースで作成した諸帳簿類や児童の出欠、成績等の記録や、教員の出退勤管理、休暇等の取得、旅費支給等を一括して電子化するものであり、順調に運用が進めば業務の軽減が見込まれるが、やはり導入直後はさまざまな課題もあるようである。

校長として勤務していたとき、多くの教職員と何度も「働き方改革」について話し合った。しかし、そのたびに「校長先生、定時退勤日や１カ月の超過勤務時間の上限が定められたことはわかるし、校務支援システムが導入されることもありがたいが、そもそも仕事量そのものが減るどころか、増えているのですよ」という声をよく聞いた。このような声を校長として否定することはできなかった。新学習指導要領の実施により、授業のスタイルや評価の在り方についても改革が求められ、児童間のトラブルやいじめ、不登校、児童虐待への対応、保護者からのさまざまな意見・要望への対応…そして、それらの解決に向けて費やす時間は増加している。そのため、例えば、いじめ事象への対応など緊急かつ重大な事案への対応の場合については、先に示した時間外勤務の上限（月45時間、年間３６０時間等）が特例的な扱いとして、条件付きで月１００時間、年間７２０時間を超えないようにと定められている。このような状況であるから、教員の超過勤務時間については、そう簡単に削減することは難しい。

私が勤務していた学校では、夜間の警備員が21時まで勤務し、その後は翌朝まで警備会社と契約した機械警備となるため、教員は21時までには学校を出ていなければならないが、やはり21時ぎりぎりまで残って仕事をしている教員が少なからずいた。もちろん、緊急対応等の場合は、警備員が帰宅する21時を過ぎても、校長または教頭の責任において在校することはできるが、私が校長として勤務した間に21時以降まで延長したことは稀で年に2～3回ほどであった。私は、水曜日を定時退勤日と定め、保護者等にも周知するとともに、毎週水曜日には職員室に定時退勤日であることを示し、できるだけ早く退校するように声を掛けて、私自身もできるだけ早く退校することを心掛けていた。私はたまたま自宅から学校まで通勤時間が10分程度であったので、一度帰宅して夕食等を済ませてから再度学校へ様子を見に行き、仕事をしている教員に業務内容を尋ねて、できるだけ早く退勤するよう声を掛けたこともあった。また、夜間の警備員から「昨夜は○○先生が残っておられました」などと聞くこともあった。警備員は、警備会社から派遣されているので、正式には学校の所属職員ではなかったが、だいたい同じ教員が残っていることが多いため、その教員の名前を覚えていたのである。

非常勤職員等を除く教員の勤務時間は17時までであったので、原則として職員会議や校内での研修等は17時までに終了させていた。その後、保育所等への迎えの必要な教員はすみやかに帰宅するが、やはりそれなりの人数の教員は教材研究や教材作成、学年の教員同士の打ち合わせ、保護者への電話連絡等を行っているうちに18時を過ぎる。19時を過ぎた頃からようやく帰宅する教員が増えてくる。時間外勤務の上限が月45時間ということを踏まえると、連日19時帰宅が上限ギリギリということになる。自校の教員の帰宅時間を見てみると、学期末、年度末、長期休業（夏休みや冬休み）前の、授業参観日や運動会、宿泊行事等の学校行事の直前などは、全体的に仕事量が増えるので帰宅時間が遅くなり、夏休みや冬休み中は、よほどのことがない限り定時以降も仕事をする職員はいなかった。

学校における働き方改革が喫緊の課題となるに至った背景には、教員独特の意識や法制度に加えて、学校という職場環境が大きく影響していると思う。

第一に、教員の多くが「学校」しか知らないということである。私自身もそうであるが、6歳で小学校に入学してから、中学校、高等学校、大学や大学院を卒業して、新卒で教員になった者が多い。児童生徒や学生として授業料（公立の小中学校や都道府県により一部の高等学校等の授業料は無償であるが）を支払って学ぶという立場と、教員という職業として給料を受け取って授業等を行うのは根本的に異なる。しかし、自分が児童生徒や学生として学校に所属していたときと、教員として学校に所属している現在との意識に大きな変化がないまま現在に至っている。特に、公立学校の教員には教育活動に係るコストという感覚が鈍く、光熱水費や用紙代はもちろん、仕事の効率化や能率という概念があまりない。したがって、夜遅くまで、職員室に1人残って、冷暖房と照明をつけて仕事をしていても、電気代がもったいないという意識があまりない。

第二に、公立学校の教員には残業手当（時間外勤務手当）が支払われないことから、「残業」という概念がないことも影響していると思われる。教員に残業手当が支払われない理由は、「公立の義務教育諸学校等の教育職員の給与等に関する特別措置法（給特法）」にて定められている。この法律は、1971（昭和46）年に制定されたもので、第1条において「この法律は、公立の義務教育諸学校等の教育職員の職務と勤務態様の特殊性に基づき、その給与その他の勤務条件について特例を定めるものとする」と、教員の職務と勤務態様の特殊性を認めた上で、第3条において、「教育職員（校長、副校長及び教頭を除く。以下この条において同じ）には、その者の給料月額の百分の四に相当する額を基準として、条例で定めるところにより、教職調整額を支給しなければならない。教育職員については、時間外勤務手当及び休日勤務手当は、支給しない」と定められていることが根拠である。時間外勤務手当は一般企業でいうところの残業手当に当たるが、教員は真に必要があって残業（時間外勤務）をしても残業手当がつかないのである。

しかし、学校に勤務する教職員の中で残業手当がないのは教員だけであり、事務職員のような行政職や校務員のような技能職の職員には、校長が命じた超過勤務に対して残業手当は支給される。ただ、条文にもあるように、教員には残業手当が支給されない代わりに、基本給料月額の４％の教職調整額が一律に支給されることになっている。校長、教頭には管理職手当が支給されるため、教職調整額は支給されないが、教員には残業をするしないにかかわらず支給される。なぜ４パーセントであるのかは、１９６６（昭和41）年に当時の文部省が行った教員の勤務状況調査の結果、小・中学校の教員の超過勤務時間（１週間平均）は平均1時間48分であったことを基に、超過勤務手当分として給料月額の４％と定められ、以後、半世紀以上運用され現在に至っている。当然、当時と現在とでは教員の勤務実態は大きく変化しており、２０１６（平成28）年に行われた文部科学省による教員勤務実態調査では、教諭の1日当たりの学内勤務時間の平均は、小学校11時間15分、中学校11時間32分であった。これは、７時間45分の勤務時間より、小学校では3時間30分、中学校で3時間47分超えていることになり、１９６６（昭和41）年当時とは大きくかけ離れている。

ここまで、教員の独特な意識と制度について述べた。コスト感覚がないなど、少し負の面を述べたが、私が多くの教員と過ごしてきた経験から言えば、よい意味でも悪い意味でも「真面目」で「熱心」で、先に述べたさまざまなストレスを抱えながらも、児童生徒のために身を削って業務を遂行している教員が多い。

学校という職場環境が他の職種と大きく異なる面として、新規採用教員もベテラン教員も、担任として授業を行う上では同じ業務とその成果が期待されることである。一般企業や市役所の新規採用職員は、採用1年目から先輩のベテラン社員や職員と同じ仕事をしても、同じ成果を期待されることはない。研修期間があり、新規採用者にはそれにふさわしい業務が与えられ、その後もそれぞれの社員や職員の能力や資質を踏まえて、担当部署と業務内容が割り当てられることが多い。もちろん、授業で指導する内容等は学習指導要領で定められており、文部科学省の検定に合格した教科書を使用しているので、指導する内容や方法は決められている。教員自身も小・中・高等学校、大学等をそれなりの成績で卒業し、教員免許状を取得しているので、授業で指導する内容が理解できていないということは考え難い。

しかし、実際に教室で40人近くの児童生徒を指導し、たとえ小学校低学年の内容であっても、児童一人ひとりに理解させ、定着させるのはなかなか難しい。特に経験の浅い教員で、その学年を初めて担任をする場合は、教材研究に時間を要する。ベテラン教員で、過去に担当したことのある学年を再び担当する場合でも、学習指導要領は数年ごとに改訂され、教科書もそれに伴って変わり、何よりも、担任する児童生徒そのものが違うので自ずと指導方法も変わる。児童生徒にどのように発問するのか、予想される児童の声にどのように答えるのか、板書をどのようにまとめるのか、ワークシートやプリントはどのようなものがよいのか、よりよいものを追求して取り組み始めると、限られた勤務時間内では厳しいというのが現実である。

教員と同じ公務員でも、役所で一般職員が残業するには、その職員の直属の上司（例えば課長）が、その必要性を認めて命令するのが一般的である。職員が課長の命令もないのに勝手に残業して、それに応じて残業手当を支払っていたら大変なことになり、課長の管理能力が問われる。また、本当に必要があり残業を命じる場合でも、他の課と比べてその課の残業手当の支給額が多ければ、その課の業務の効率が悪いか、業務が繁多であり、その課には人員がもっと必要である状況であるかのいずれかとなる。また、同じ課内のＡさんは毎日のように残業しているが、Ｂさんはほとんどしていないということであれば、その課内の一人ひとりへの業務分担が適切でないこともわかる。また、役所内には、一般職員、主任、係長、課長補佐、課長、部長…といった職階があり、管理職は部下の能力と適性を掌握して、業務の振り分けを行っている。これは一般企業でも同様であると推察する。

では、学校現場ではどうであろうか。私が勤務した学校では、出勤状況は紙の出勤簿の自分の氏名の日付欄に毎日押印することで把握していた。出勤時刻と退勤時刻を把握するタイムカードなどは、一部の市費の校務員や給食調理員等を除いて存在せず、したがって、教職員にはその日に出勤したかどうかの記録はあるが、出勤時刻と退勤時刻の記録はなかった。近年になって、超過勤務や過労死等の予防の観点から、出退勤時刻を把握することとなり、自分でパソコンにて入力することとなった。私の退職後には、校務支援システムの導入に伴い、ＩＣカードを利用した出退勤把握システムが稼働し始めた。現在は、土曜日や日曜日に授業参観や運動会を開催したり、地域の行事に参加したりする場合に、勤務の割り振りを変更することはあっても、以下に述べる特別の場合を除き、残業を命じることはない。また、教員が残業して授業の用意をしたいからといって校長や教頭の許可を求めることもない。これは、教員の時間外勤務は、強制によらず、各自が職務の性質や状況に応じて自主的に職務に従事しているものと解されているからである。

教育職員を正規の勤務時間を超えて勤務させる場合の扱いについては、「公立の義務教育諸学校等の教育職員の給与等に関する特別措置法（給特法）」の第６条に「教育職員を正規の勤務時間を超えて勤務させる場合は、政令で定める基準に従い条例で定める場合に限るものとする」と定められており、条文中の「政令」として「公立の義務教育諸学校等の教育職員を正規の勤務時間を超えて勤務させる場合等の基準を定める政令」が制定されている。

この政令の第一項にて「教育職員については、正規の勤務時間の割振りを適正に行い、原則として時間外勤務を命じないものとすること」、第二項にて「教育職員に対し時間外勤務を命ずる場合は、次に掲げる業務に従事する場合であって臨時又は緊急のやむを得ない必要があるときに限るものとすること」として、具体的に、「イ　校外実習その他生徒の実習に関する業務、ロ　修学旅行その他学校の行事に関する業務、ハ　職員会議（設置者の定めるところにより学校に置かれるものをいう。）に関する業務、ニ　非常災害の場合、児童又は生徒の指導に関し緊急の措置を必要とする場合その他やむを得ない場合に必要な業務」の四点が挙げられている。これらは一般に「超勤４項目」と呼ばれており、緊急のやむを得ない必要があるときに限るものとされている。そのため、校長は遠足や運動会のような行事や、その計画を立てて準備をする業務や職員会議はどこの学校でもあるが、計画的な取り組みを行い、職員会議も議案を精選することにより、超過勤務を避けるよう努めねばならない。

ただ、非常災害の場合、児童または生徒の指導に関し緊急の措置を必要とする場合その他やむを得ない場合に必要な業務、例えば、地震や風水害時の対応、児童の急病やケガ、いじめ事案や児童虐待、児童が帰宅しないといった緊急事案の場合は、必要に応じて時間外勤務を命じることができることとなっている。しかし、実際にこのような事案が発生したときには、校長が超過勤務を命じる前に自ら対応する教員がほとんどであり、私から超過勤務を命じることはなかった。

学校の施設管理

校長の職務には、学校施設・設備の管理というものもある。学校施設・設備といっても幅広く、大きいものでは校舎、体育館、給食調理場といった建物とそれをつなぐ渡り廊下、倉庫、運動場とそこにある遊具、サッカーゴールやバスケットゴールなど、校舎内の窓や扉、教室内にある机や椅子、教材・教具、体育館にある跳び箱やマットといった運動器具など、学校敷地内にあるものはすべて校長が管理することになっている。

管理責任者は校長であるが、校長が１人ですべてを点検することはできないため、全教職員に点検場所の割り振りをして、定期的に施設・設備の点検をしている。しかし、教職員は施設・設備の専門家ではなく、また経験の浅い教職員もいるため、できるだけ点検する上での観点を具体的に全員で共有してから点検を行うようにする。例えば、跳び箱の上の面の布に穴が開いていれば、児童が跳んだときに指がその穴に入ってしまって大ケガをする恐れがあることや、運動場の滑り台の滑る部分に亀裂があればケガをすること、天井や壁面の塗装や表面が浮いていれば、はがれて落下した際に当たれば大変であること、教室や廊下の窓際の下に机や台のようなものを置いていれば、児童がそれに上がって窓から乗り出して転落する恐れがあること…などである。点検表に「異常なし」と記載されている場合はよいが、そうでない場合は、校長、教頭、校務員（学校用務員）で実際に現場を見に行く。状況によって、校務員の業務として修繕できる部分はお願いし、困難な場合は教育委員会に修繕依頼書を提出して業者に修繕をしてもらう。

私の経験では、体育館の横にあった２本の大きなヤシの木がかなりの高さまで育って傾いてきていたため、台風等の際に倒木の恐れがあるとして教育委員会に相談した。そして、現場を見ていただき、専門業者に撤去してもらった。万が一倒れてケガ人が出てからでは遅いのである。ただ漫然と巡回するのではなく、危険箇所がないかを常に注視して巡回していたので、ヤシの木の危険性に気付くことができた。また、校舎をつなぐ2階の渡り廊下にあった手すりは、手すりと手すりの間に約1メートル四方のアクリル板が取り付けてあるのみであった。そのため、児童が勢いよくぶつかったり、強風によってアクリル板が割れれば、児童が転落したり、飛び散ったアクリル片によりケガをする恐れがあったので、教育委員会に依頼して、約10センチメートル間隔の金属製の桟を入れてもらった。ヤシの木の撤去や渡り廊下の改修には経費がかかったものの、教育委員会の学校設備の担当課の理解を得られたことには感謝している。

このような日常の点検に基づく施設管理の他に、地震や台風といった災害による緊急対応もある。私が初めて校長として勤務した翌年の2019（令和元）年には、6月に大阪府北部地震、9月には台風21号が発生し、勤務していた学校も被災した。これらの災害についてはは別に述べることとするが、それぞれ災害後に校舎内外をくまなく点検し、危険箇所について教育委員会に修繕の依頼をした。多数の学校が被災していたため、時間はかかったが、無事に修繕工事は完了した。

学校の施設・設備の改修等は、先に述べたように、日常点検の結果に基づいて実施されるものの他に、経年劣化による老朽化や耐震補強、利便性の向上を目的として実施されるものもある。私が校長として勤務していた学校では、すでに校舎の耐震補強工事はほぼ終了していたが、児童用のトイレ改修が順次行われていた。従来のトイレは和式便器が使用されており、少し臭いもしていたが、改修後は洋式便器を使用した乾式フロアの明るく清潔なトイレとなり、児童にも好評である。また、教職員用のトイレも和式便器を使用したトイレであったため、教育委員会にたびたび改善を要望していた。私の在職中は改修には至らなかったが、退職後、改修工事が始まり、改善されたと聞いた。

最後に勤務した学校では、学校敷地の境界にあるフェンスの工事が行われた。これは、従来のフェンスの基礎部分に、ブロック塀に使用されるコンクリートブロックが使用されていたため、コンクリートブロックを撤去して新たな基礎部分を作り、フェンスを再度設置するというものであった。工事開始前に教育委員会の担当者が来校された際、私はこの機会に学校前の歩道の拡幅もできるのではないかと考え、次のように要望した。「学校の正門前の道は交通量が多い上に、特に学校側の歩道がとても狭く、電柱のある場所では、児童が傘をさして歩けない状況である。正門に立って、児童の登下校を見守る中で、常々危険性を感じている。古いフェンスを撤去して、新しいフェンスを設置する際、新しいフェンスを学校側に後退（セットバック）させ、歩道を広くしてほしい」。新たに必要となる経費や、学校の敷地の一部を道路部分にするための手続きなどの課題も多く、教育委員会には負担をおかけしたことと思うが、要望を取り入れていただいた。現在は歩道が広くなり、雨の日も傘をさしたままで通行でき、児童や保護者のみならず近隣住民の方からも喜ばれている。

災害対応

私は教員として採用されてから何度か大きな災害を経験した。

最初は1995（平成7）年1月17日に発生した阪神・淡路大震災であった。当時、私は中学校の理科教諭として勤務しており、自宅は京都市内であった。前夜から2歳の娘が発熱していたため、翌日熱が下がらなければ保育所を休ませねばならず、同業者である妻と相談し、私が休んで看病することを決めていた。当日、朝5時47分に震度5ほどの大きな揺れで跳び起きたが、自宅では水槽の水があふれた程度で、大きな被害はなかった。発災当初はニュースでもどこが震源であるかがはっきりしていなかったが（後で、あまりの大きな揺れのためにシステムが機能せず、神戸市近隣の各地点の震度が伝わらなかったと聞いた）、まず神戸市内に在住していた叔父夫婦に電話をして、安全を確認することができた。当時は携帯電話もなく、あとで考えると、よく電話がつながり、すみやかに安否が確認できたものだと思った。

やがて、神戸市近隣の状況が明らかになってくると、電話回線がパンクしたのか、受話器を上げるだけでプープーと音が鳴り、どこにもつながらないという経験したことのない状況になった。テレビで続々と被害の全貌が明らかになってきて、震度7の揺れ（震度7は阪神・淡路大震災以後に初めて適用された）による神戸市やその近郊の建造物、高速道路橋脚の倒壊、火災の発生の様子などが放映されはじめ、被害の大きさを目の当たりにした。しかし、電話が通じないため、学校に連絡できず、鉄道も運転見合わせとなり、結局、夫婦共々休むことになった。幸い、京都市内ではほぼ通常の生活が可能であったため、近くの病院で発熱した娘を診察してもらうことができた。午後になってなんとか学校に電話が通じたので、状況を伝えることができ、学校の状況を聞くこともできた。

私が勤務していた学校では、校舎等に大きな被害はなく、ライフラインの寸断などもなかったが、理科室で薬品が棚から落ちるなどして、片付けが必要であり、また交通機関の不通により教職員が揃わず、当日は臨時休業になったと聞いた。当時は、メール配信システムはおろか、携帯電話も普及しておらず、固定電話が不通になれば連絡手段はなくなるため、臨時休業のお知らせは正門に掲示した。市内では通常授業を行った学校もあったと後で聞いたが、電話等の連絡手段がない中で、校長が授業を行うのか、あるいは臨時休業するのかの判断されたのだと思う。翌日からは通常どおりの勤務をすることができたが、震災後しばらくして、被災地から一時的に転校してくる生徒が複数おり、心のケアなどに配慮して受け入れたことを覚えている。

次に経験したのは、２０１１（平成23）年３月11日に発生した東日本大震災である。14時46分に発生したマグニチュード9の日本周辺における観測史上最大規模の地震により、東日本各地で最大震度6強の大きな揺れと大津波、そして火災が発生し、東北地方を中心に莫大な被害が発生した。さらに福島第一原子力発電所における放射性物質の漏洩を伴う原子力事故が発生し、発令された原子力緊急事態宣言は現在でも解除されていない。

当時、私は教育委員会事務局に勤務しており、長周期のゆっくりとしたゆれを感じた後、テレビの中継で、沿岸から内陸に向かって押し寄せる津波に驚愕したが、震源から遠距離であったため、市内の学校施設や児童生徒に直接の被害はなかった。被災地の岩手県釜石市では、全小・中学校が普段から避難に関する教育を徹底し、明治三陸地震の教訓を生かして「津波てんでんこ」という教育を行っていたため、児童生徒が自主的避難することにより99・８％が無事だった。一方、石巻市立大川小学校では、地震発生から津波到達まで約50分間も時間があったにもかかわらず、校長が不在であったために判断指揮系統が不明確であった。そのため、すぐに避難行動をせず、校庭に児童を座らせて点呼を取ったり、避難先についてその場で議論をしたりしている間に津波が到達し、校庭にいた児童74名と教職員10名が死亡した。この惨事では、その後の民事訴訟において、教員は地域住民よりも高いレベルの防災の知識と経験が求められることが明確になった。東日本大震災によって、地震・津波被害をはじめ、さまざまな災害等に対して、学校（校長）が児童生徒の生命を守るべき立場であることを重ねて自覚し、防災教育や防災管理のあり方について大きく見直すこととなった。

２０１８（平成30）年６月18日には、大阪府北部地震を経験した。その日、私は通常どおり、登校する児童を迎えるために勤務する小学校の正門に立っていた。当時勤務していた学校は、高学年の児童を班長に、同じ地区の児童がまとまって集団登校を行っていた。

児童の登校は午前8時からとなっていたが、実際には少し早く登校する班もあるため、私はいつも7時45分位になると正門に行き、開門していた。重い鉄製の門を開けるとき、ガラガラと音がするのを聞いて、正門前の家から犬の元気な鳴き声が聞こえ始めると、その家のご主人が犬を連れて出てこられる。私はいつもその犬の相手をして、そのご主人と世間話をしていた。

しかし、その日は違った。最初の登校班が正門を通って間もなく、大きな揺れを感じた。その後、緊急地震速報が鳴り、立っていることはできたが、明らかに今までに感じたことのない大きな揺れがあった。すぐに教頭から、「地震が発生しました。登校途中の人は運動場に集合しなさい。教室にいる人は安全に気を付けて運動場に避難しなさい」と放送が入り、私はすべての登校班の児童が正門を入ったことを確認してから運動場に向かった。その途中、職員室にいた教頭に、緊急メール配信システムで「今後自宅を出る児童については自宅待機をすること。緊急引き渡しについてはあたらためて連絡する」という旨のメール配信を依頼した。運動場では出勤していた多くの教職員が、すでに登校している児童を避難訓練で行っている隊形に整列させ、座らせていた。また、同じ校区の登校中の中学生も、本校の運動場に迎え入れて集合させた。教員は運動場集合の指示や校舎内に残っている児童がいないことを確認するとともに、学校周辺の見回りを行うなど、自ら進んで行動していた。校舎内や学校周辺では、重大な被害はなかった。

やがて、登校した児童が揃ったところで、教職員により登校児童の点呼を行い、改めてメール配信システムにより、「本日は臨時休業とし、今から児童の保護者引き渡しを行う」と連絡した。教職員は、通勤電車の運転見合わせで足止めされた何人かを除き、ほぼ出勤していたため、各学級別に名簿等と照合させて児童を保護者に引き渡す体制を整えた。保護者には事前に、「震度5強以上の地震の場合は臨時休業とし、児童が在校中の場合は保護者引き渡しを行う」ということを周知していたため、メール配信前から自主的に来校する保護者も多く、比較的順調に引き渡しを開始することができた。運動場に避難していた登校途中の中学生については、中学校に連絡してその学校の教員に来てもらい、中学校の教員により点呼を取り、下校をさせた。順調に進んだ児童の保護者引き渡しであったが、どうしても交通機関の不通などの影響で来校が遅れる保護者もいた。

天候も下り坂になってきたため、児童を運動場から体育館に移動させ、手の空いている教員で、登校せず自宅にいる児童や、登校しようとしたものの地震発生により自宅に戻った児童など、学校で点呼ができなかった児童の安否確認を行った。保護者への引き渡しや自宅への安否確認については、連絡がつきにくかった家庭もあったが、昼までには全員の安否確認をすることができた。

大阪北部地震では、私の勤務していた学校の周辺でも、家屋の屋根瓦や土壁の表面が落下したり、ブロック塀が傾いたりする被害が見られた。同じ市内の小学校においては、プール沿いのブロック塀が倒れ、登校途中の児童が下敷きになって死亡するという大変痛ましい事故が発生した。ライフラインでは、電気、ガスは概ね問題なかったが、道路の地下に埋設されている水道管の破裂と、その復旧工事のために断水と濁水が発生した。学校は、避難所に指定されていたので、すぐに市の避難所開設チームが来校し、体育館に避難所が開設されるとともに、断水に備えて給水ステーションが設置された。設置後まもなく、大阪府南部の泉州地方の各市から給水車が到着して給水し、水タンクやペットボトルを持参した近隣市民の列ができた。

学校は、校舎に大きな損傷はなく、すぐに授業が再開されたが、周辺民家の屋根を覆うブルーシートは現在もそのままになっているところがある。この地震の後、市内各学校のブロック塀を頑丈な鉄筋コンクリートの基礎の上にフェンスを立て替えるための工事が数年間にわたって続けられることとなった。

２０１８（平成30）年は大阪北部地震以後も各地で災害が相次いだ。大阪北部地震から10日後の６月28日以降、梅雨前線が日本付近に停滞し、29日には台風７号が南太平洋上に発生したその後、台風７号は北上し、日本付近に暖かく非常に湿った空気が供給され続けたことで大雨となった。当時、市内の小・中学校は暴風警報発令時のみ臨時休業することとなっていたが、地震から間もないこともあり、特例として、教育委員会より大雨警報時も臨時休業とする指示が出され、数日間臨時休業することとなった。７月に入ってからは、猛暑が厳しく、高温のためにプールの水温も高くなり、水泳指導も困難となった。そのため、例年夏休み中に開催していた数日間のプール指導は中止された。そして、地震及び大雨による臨時休業で不足した授業時間を確保するため、夏休みに３日間の臨時授業日を設定した。

夏休みが明けて間もない９月４日には、台風21号により、学校が被災した。この日は、前日から台風接近が予想され、暴風警報も発令されていたため、学校は臨時休業となった。私は教職員を自宅待機させ、学校には教頭と校務員（学校用務員）２名、警備員１名の計４名を置いた。強風で飛びやすいものは片付けるなど、強風への備えをしていたが、午後からさらに風は強くなり、校舎の窓ガラスが破損して、教室内にガラスが散乱した。また、フェンス内に置いていた物置数台が、フェンスをなぎ倒して、敷地横の空き地に飛び込んだり、多くの木が折れたり、倒れたりした。さらに、地震によってできた亀裂に雨水がしみ込んだためか、校舎内の複数箇所で雨漏りが発生した。

市内の他の学校では、近隣のマンションのガラスが割れ、その破片が運動場全面に落下し、運動場が使用できなくなったり、飼育小屋がそのまま風にあおられて近隣の民家に飛び込んだりしたようである。また、山間部の学校では、数多くの倒木が道路を覆い、通行止めになったため、相当期間、通学が困難になった。

２０１８（平成30）年は地震、大雨、猛暑、台風と、私の教職生活の中でも今までに経験したことのない災害の年であった。その後は、幸い3月まで概ね平穏に過ごせたが、翌２０１９（令和元）年度の冬からは、新型コロナウイルス感染症の感染拡大により、学校教育は大きな影響を受け、現在も続いている。

学校は、安全安心な場でなければならない。近年は毎年のように全国各地で自然災害が発生している。私は、危機対応については常に「最悪の事態」を想定して、教職員と共に最悪の事態を避けるために何ができるかを考え、実践してきた。しかし、異常気象や感染症の蔓延、世界情勢の危機感に加え、多くの学校で施設の老朽化が進む中では、最悪の事態を想定していても、それを超える事態が発生するかもしれない。このような予測不可能な中、学校の安全安心を確保するために何ができるのか。それは、基本に立ち戻り、校長がリーダーシップを発揮して、「学校安全計画」や「安全マニュアル」等を常に見直して、計画的に訓練等を実施するとともに、些細なことでも見逃さない日々の取り組みを続けることしかない。

小学校と中学校の連携

「中１ギャップ」という言葉がある。２０１５（平成27）年改定の国立教育政策研究所の生徒指導・進路指導研究センターのリーフレットには、「中１ギャップ」という言葉は、小学校６年生から中学校１年生に進学する段階でいじめや不登校の数が急増するように見えることから使われ始め、今では小・中学校間の接続の問題全般に「便利に」用いられていると述べられている。このリーフリットによると、「統計上、いじめと不登校は中学校で増加しているように見えるが、いじめは、中学校で顕在化するため認知件数が増加し、不登校は、小学校から休みがちであった児童が中学校入学後に登校できなくなるケースが増えることによるもので、小学校と中学校の連携はもとより、校区内の小学校間の連携も含めて、不登校やいじめという共通の課題に取り組むことで、これらの課題を解決していく必要がある。そして『中1ギャップ』という語に明確な定義はなく、その前提となっている事実認識（いじめ・不登校の急増）も客観的事実とは言い切れず、『中1ギャップ』に限らず、便利な用語を安易に用いることで思考を停止し、根拠を確認しないままの議論を進めたり広めたりしてはならない。」と警鐘を鳴らしている。

私は、中学校から小学校に異動した経験があるので、小学校と中学校のギャップを感じることもあったが、「中1ギャップ」というより、むしろ小学校と中学校の「教員間ギャップ」を大きく感じた。校区内の小学校と中学校の教員が集まって会議をする場で、小学校の教員から中学校の教員に対して「小学校でよく頑張っていた子が中学校で荒れているのは、どんな指導をしているのか」、中学校教員から小学校の教員に対しては「小学校のときにしっかりとした生活習慣や授業規律、基礎学力を指導してもらわないと困る」といった発言がたびたびあり、なんとなく険悪なムードがあった。しかし、このような小・中学校間の「教員間ギャップ」はよいわけがなく、これらを是正すべく、小中連携教育の取り組みが始まった。

私は文部科学省の小中連携教育について研究委嘱を受けた市内の中学校区で勤務した経験がある。ここでは、校区内の小・中学校に小学校と中学校の両方、または校区内の２つの小学校の両方に勤務し、授業を行うことを認められた兼務教員が加配教員として複数配置されていた。兼務教員は、両校で授業を行うだけではなく、小学校高学年と中学生が参加する陸上競技大会を開催するなどの取り組みを行っており、取り組みは「いきいきスクール」と呼んでいた。私も小学校の籍ではあったが、自校の４・５年生の理科の授業を担当するとともに、兼務教員として中学校の理科の授業も担当していた。中学校籍の理科の兼務教員は、校区内の２つの小学校で６年生の理科の授業も担当していた。体育や家庭科、総合的な学習の時間や外国語活動なども同様に、兼務教員が小・中学校の両方で授業を行っていた。この校区での研究の特徴は、複数の兼務教員による授業だけではなく、校区内の２つの小学校間の連携、校区内や近隣の幼稚園、保育所や高等学校との連携も行っていたことである。また、地域の行事や祭などにも共に参加し、保・幼・小・中・高等学校間の段差や進学への不安の解消を目指していた。

当時のアンケート結果では、「いきいきスクール」の取り組みは児童生徒に好意的に受け止められ、進学への不安や段差解消に効果があった一方、課題もあった。私の場合は小・中学校の両方で授業を行っていたので、朝は小学校に出勤し、1・2時間目は小学校で授業を行った後、自転車で中学校に移動して3・4時間目の授業行い、中学校で昼食を食べて小学校に戻り、5時間目に小学校の授業を行うといった日があった。また、授業時間以外にも、理科の実験準備のため、日常的に小学校と中学校へ行き来しなければならなかった。そして、頻繁に行われる連携会議のために中学校に行くことも多く、学校間の移動の負担が生じるという課題があった。結果として、当時の校区内の各校長の「いきいきスクール」への熱意と励ましに支えられ、兼務教員としての勤務を3年間継続することができた。

「いきいきスクール」は市内の他の中学校区でも試みられ、小・中学校の段差解消の成果が認められた。その後、連携教育の重要性が広く認識されるようになり、現在では、市内のすべての中学校区の小・中学校は、中学校区ごとに小学校と中学校が一貫した教育を行うものとして、教育委員会から「小中一貫教育校」として認証されるようになった。

2016（平成28）年には、学校教育法の改正により、小学校課程から中学校課程まで義務教育を一貫して行う学校として「義務教育学校」が新設された。私は教育委員会に勤務していたとき、他市に新設された施設一体型の義務教育学校を視察に行ったことがある。

施設一体型の義務教育学校であれば、教員が施設間を移動する負担がない。また、一つの学校のために兼務発令の必要もないので、小学校における教科担任制を充実させることも可能となるなど、さらに充実した教育が行えるのではないかと期待している。

幼稚園、保育所等と小学校の連携

「中1ギャップ」と似たような言葉として、「小1プロブレム」という言葉がある。「小1プロブレム」という言葉にもはっきりした定義はないようだが、ある都道府県教育委員会の資料によると「小学校入学後の落ち着かない状態がいつまでも解消されず、教師の言うことを聞かない、指示どおりに行動しない、勝手に授業中に教室の中を立ち歩いたり教室から出て行ったりするなど、授業規律が成立しない状態」、さらに「こうした状態が数か月にわたって継続する状態」であるとされている。文部科学省は、このような状況を受けて幼稚園、保育所及び認定こども園と小学校との連携を一層強化し、子どもの学びの連続性を確保することが重要との見解を示している。

ご存じの方も多いと思うが、幼稚園は文部科学省の管轄の教育施設であり、保育所は厚生労働省の管轄の児童福祉施設である。また、幼保一元化施設として幼稚園と保育所の両方の機能を併せ持つとされる認定こども園は内閣府が管轄である。また、小学校と幼稚園には、教育課程の基準として、文部科学省告示の学習指導要領と幼稚園教育要領があり、保育所には厚生労働省告示の保育所保育指針、認定こども園には内閣府告示の幼保連携型認定こども園教育・保育要領がそれぞれあり、それに基づいて教育、保育が行われている。

私は小学校との円滑な接続について、これらにどのように記載されているか調べたことがある。幼稚園教育要領では、特に留意する事項として「幼稚園教育と小学校教育との円滑な接続のため、幼児と児童の交流の機会を設けたり、小学校の教師との意見交換や合同の研究の機会を設けたりするなど、連携を図るようにすること」と記載されている。また、保育所保育指針には、小学校との連携として「子どもの生活や発達の連続性を踏まえ、保育の内容の工夫を図るとともに、就学に向けて、保育所の子どもと小学校の児童との交流、職員同士の交流、情報共有や相互理解など小学校との積極的な連携を図るよう配慮すること」と記載され、それぞれ小学校の児童との交流、教員（職員）同士の交流等を行い、連携を図る旨が記載されている。小学校学習指導要領では、総則において「小学校間、幼稚園や保育所、中学校及び特別支援学校などとの間の連携や交流を図る」と示されており、各教科においても、国語では、「幼稚園教育における言葉に関する内容などとの関連を考慮すること」、音楽、図画工作においては、「幼稚園教育における表現に関する内容などとの関連を考慮すること」と示され、生活科では「幼児教育から小学校への円滑な接続を図る観点から、入学当初をはじめとして、生活科が中心的な役割を担いつつ」などと記載されている。

これらを踏まえれば、幼稚園、保育所等と小学校の連携についての体制は整っているように見えるが、実際に連携を強化し、どのように学びの連続性を確保するかはなかなか難しい面がある。地域や学校によって大きく異なると思うが、私が最後に校長を務めていた小学校では、当時、校区内に公立の幼稚園が1園、私立の幼稚園が1園、私立の保育所と認定こども園が数園あった。入学してくる1年生が卒園した幼稚園や保育所等は、校区内に限らず、市内全域、年によっては、隣接の自治体の園所を含む10園所以上に及び、その園所から1人だけ入学してくることも稀ではない。義務教育ではないので、幼稚園や保育所に通わずに入学してくる児童もいるかもしれない。

また、近年は少子化の影響か、特に私立の幼稚園や保育所ではそれぞれを運営する法人の方針に基づき、他の園所にはない特色を打ち出しているように感じる。そうした中、保護者は各園所の特色に魅力を感じて入園・入所させている方から、就労のために保育所に入所できればよいという方までさまざまである。

このようにさまざまな園所から新1年生として受け入れ、入学後は一つの教室で授業を行うのであるから、「小1プロブレム」とまではいかなくとも、落ち着くまでは時間がかかる。一部の私立中学校に進学する児童を除いては、基本的に校区内の中学校に進学するため、小学校と中学校の連携は進んでいるが、幼稚園、保育所等との連携については多くの課題がある。しかし、小学校、幼稚園・保育所等との連携も非常に重要であり、今後も引き続き検討が必要であると考えている。

謙虚な姿勢の大切さ

学校には保護者や地域からさまざまな意見や要望、時には苦情が寄せられる。中には無理難題を押し付けてくるような意見もあるが、ごもっともな意見が多い。多くの意見は、基本的には学校への期待や、自分の子どもへの愛情に基づくものであると私は考えている。迷惑をかけたり、心配をかけたりしたのであれば、まずは「ご迷惑をおかけして申し訳ございません」「ご心配をおかけして申し訳ございません」と謝罪することが重要であると思う。「不幸にも交通事故を起こしたときに、自分が悪くないと思ったら絶対に謝罪をしてはいけない」と聞いたことがある。もし、こちらが謝罪して、相手側が謝罪しなかったら、謝罪したほうが悪いということになり、過失割合が大きくなるからというわけである。しかし、学校で受ける意見と交通事故の示談の話とは異なる。

例えば、月曜日の朝に「うちの子が金曜日に上靴を持ち帰らなかったので尋ねると、本人はよくわからないという。友達にいじめられて隠されたのではないか」との電話が保護者から入ったとする。実際、学校でよくある話である。このとき、詳しく調べなければ本当に隠されたのか、何かの都合でこの児童がどこかに脱ぎ忘れていたのか、持ち帰るのを忘れただけなのか、友達が間違えて持って帰っていたのかはわからない。したがって、児童が登校してから、よく事情を聴いたり、必要に応じて周りにいた児童にも聞き取りをしたりする必要がある。いじめられて隠されたというのなら、そのようなことが学校で発生したのだから謝罪をするのは当然だが、その児童が下校中に通る学校の近くの公園に靴袋に入った上靴が落ちているのを上級生が見つけて届けてくれたのなら、その児童が持ち帰ったが公園付近で落としたか置き忘れたことになり、学校の責任はない。しかし、保護者は心配のあまり電話をかけてきたのであるから、心配している保護者に対して「ご心配をおかけして申し訳ありません。本日、児童本人や周りの友達からも聞き取りをしまして、あらためて連絡いたします」と答えればよいのであって、逆に「お母さん、何を根拠にいじめられたと言われるのですか」などと言い返せば、話がややこしくなることも予想できる。学校に関わることで保護者が心配していることを申し訳なく思っているのであって、上靴が不明になったことに対して謝罪しているのではないのである。

私は、教員として採用されてから校長として退職するまでの40年弱の間、さまざまな先輩、同僚、後輩教職員と共に勤務してきたが、中にはとにかく謝罪しない教員がいた。人間であるから、ミスをしたり、忘れたり、誤解したりすることは誰にでもある。この教員は、明らかに自分に落ち度があったのにもかかわらず、職場内で「すみません」「ごめんなさい」の言葉が出ず、言い訳や自分の正当性を主張するばかりであった。担任をしている児童の保護者に対しても同様であるので始末が悪い。保護者は担任ではらちが明かず、校長まで苦情を言ってくるので、校長が謝罪し、当該教員を指導するということでなんとか落ち着いていた。

「実るほど頭を垂れる稲穂かな」ということわざがある。稲は、成長すると実を付け、その重みで稲穂の部分が垂れ下がってくることから、立派に成長した人、つまり人格者ほど、頭を下げて、謙虚な姿勢であるというたとえである。教員たるものは、人に指導する立場であることを踏まえると、人格者、あるいは人格者を目指す者でなければならない。謙虚な姿勢を大切にするべきである。

保護者との連携

学校では、保護者から大切な子どもを預かって教育活動を行っている。学校教育法第29条には、「小学校は、心身の発達に応じて、義務教育として行われる普通教育のうち基礎的なものを施すことを目的とする」、同法第30条第2項には、学校の教育目標は「基礎的な知識及び技能を習得させるとともに、これらを活用して課題を解決するために必要な思考力、判断力、表現力その他の能力をはぐくみ、主体的に学習に取り組む態度を養うことに、特に意を用いなければならない」と明記されている。一方、教育基本法の第10条には、家庭教育として「父母その他の保護者は、子の教育について第一義的責任を有する者であって、生活のために必要な習慣を身に付けさせるとともに、自立心を育成し、心身の調和のとれた発達を図るよう努めるものとする」と明記されている。

児童は一日の多くの時間を学校で過ごしているが、子どもの教育について第一義的責任を有する保護者との連携によって、初めてその目的が達せられると考える。学習面でも、学校の授業とともに家庭学習の必要性は言うまでもなく、児童が学校で教育を受ける上で必要な諸条件は保護者により整えていただく必要がある。私は校長として勤務していた間、特に教職員に対して保護者との連携の大切さを説いてきた。学校では塾やお稽古事のように、「学校」や「先生」を選ぶことはできない。私立学校に入学するか、一部で実施されている通学区域の弾力化や特認校に入学する場合を除き、通常、住民基本台帳上の住所により、児童が通学する学校が指定され、クラス替えや担任は学校（校長）により決定される。児童にとっては、誰と同じクラスになるのかは一番の関心事であるが、保護者にとっては自分の子どもの担任は誰かが一番の関心事であり、その担任への期待度は大きい。

私が保護者との連携の上で大切だと考えていたことは三つあった。一つ目は「学校や学級の様子を保護者に情報提供すること」、二つ目は「保護者との個々の連絡を密にすること」、三つ目は「保護者に支援していただくことをためらわないこと」である。

一つ目の「学校や学級の様子を保護者に情報提供すること」は、いわゆる「開かれた学校」の取り組みの一つといえるかもしれない。授業参観やオープンスクール、学級懇談会、個人懇談会を開催したり、「学校だより」や「学年だより」を発行したりして、学校や学年の様子を定期的にお知らせすることである。新型コロナウイルス感染症が感染拡大する中では、授業参観や学級懇談会等の実施が制限されたが、コロナ禍以前は、できるだけ保護者が来校しやすいよう、回数や時間帯を考慮していた。私の若い頃は、授業参観は「授業参観用の授業」といえるような内容で、児童一人ひとりの出番を見せるような授業が多かったが、授業参観の回数が増え、オープンスクールのように半日とか一日の学校公開となると、教職員の負担も大きいため、保護者にも「通常の授業の様子をご覧いただく」ということを周知した。時間割によっては、テストを行う時間や、答え合わせを行う時間があってもよいことにしていた。

しかし、先述のように、コロナ禍では保護者に来校していただくことができなくなったため、学校のホームページをできる限り毎日更新して、学校の様子を発信することを心掛けた。また、重要な連絡事項は児童に紙媒体で持ち帰らせるとともに、メール配信システムを活用して保護者宛てに配信し、メール本文にホームページの該当ページへのリンク先を掲載することによって、ホームページでも確認できるようにした。これらにより、特に、新型コロナウイルス感染症や台風接近に関する諸連絡、夕立やゲリラ豪雨による下校時の待機等についての連絡をすみやかに行うことができた。

保護者への情報提供は、学校だより・学年だより等の他に、校長名で発出する文書があるが、いずれの文書についても学校から発出する以上、最終的には校長の責任となる。私が特に心掛けたのは、記載の内容をわかりやすく伝え、それを読んだ保護者から「内容がわからない」という質問が出ないように留意することであった。文書でもメールでも、発出したのはよいが、それを読んだ保護者からそうした質問が電話で返ってくるようでは、十分に伝わったことにはならない。私の勤務した学校では、学校だよりは教頭、学年だよりやその他のお知らせ等は各教員が作成し、関係教員で確認の上、最終的に校長である私が決裁をして配布することにしていた。決裁するにあたっては、作成した本人のオリジナル性をできるだけ尊重した上で、必要に応じて保護者に伝わりやすいようにアドバイスをしていた。

二つ目の「保護者との個々の連絡を密にすること」については、特に学級担任の教員に繰り返し伝えてきた。保護者からは、電話や連絡帳等でさまざまな内容の連絡が入る。時には、長い電話や、連絡帳に数ページにわたって記載されてくる場合もあり、近年は連絡が入る頻度も多くなってきたように思う。担任はそれらに対して、休み時間や空き時間等に返事をしなければならないが、特に低学年の担任は休み時間も児童と共に過ごす時間が多いため、空き時間が少ない場合が多い。そのときには、児童が帰宅してからでもよいので、必ず電話連絡をするように指導し、内容によっては家庭訪問をして、直接保護者と会って話をすることを勧めた。「わが子がいじめられているのではないか」とか「学校に行きたがらない」といった内容の電話や連絡については、管理職とも共有し、担任が一人で抱え込まず、場合によっては、教頭が担任に代わって連絡するなど、組織で対応することを全教職員で行っていた。

特に私は、担任に対して日頃から保護者とのコミュニケーションを取ることを大切にするよう指導していた。担任が保護者に連絡する際、その多くはトラブルがあったなど、必要に迫られた場合である。特に伝えることがないのに連絡する必要はないし、必要もないのに学校からの電話があれば迷惑ととられかねない。そこで、連絡をする際には、日頃の児童の頑張っている点をあわせてお知らせし、お願いしたことを実行していただいた場合などはお礼を伝えるよう、担任に指導していた。トラブルに対する指導をした場合には、その後の経過報告とあわせて児童の頑張っている点を伝える。こうした少しの工夫で保護者は安心することができ、次第に担任と保護者の関係が築かれていく。いじめの調査等で時間がかかる場合には、あまり日を置かずに途中経過を随時連絡することによって、保護者は安心し、信頼を得ることにつながる。

三つ目の「保護者に支援していただくことをためらわないこと」については、少し違和感を受ける方もおられるかもしれない。私は、「学校教育は教員が行うものであり、保護者の支援は必要ない」という考え方では、現在の教育課題を解決することは困難であると考えている。

例えば、授業中、担任が指示をしてもなかなかその指示に従わない児童がいたとする。担任は悩んだ末に、保護者に対して、「お宅のお子さんには、なかなか授業中の指示が通らない」と伝えたとすればどうなるだろうか。私の経験では、保護者からは「家ではそんなことはないのですが」などと、暗に担任の指導が不十分であるかのように返してこられることが多い。担任は自分の指導力に自信がなくなるとともに、状況は改善せず、精神的に疲れてくることになりかねない。

このようなとき、担任が言い方を変えて「お母さん、授業中の私の指示が理解できないのか、困っている様子を見かけることが多いのですが、お母さんがお子さんに指示されたりする場合に工夫されている点があれば、教えていただけますか」と伝えればどうだろうか。担任は、複数年間持ち上がりや、以前に担任した児童を再度担任することもあるが、基本的には1年単位で児童と関わる。したがって、小学1年生であっても、生まれてから6年間育ててこられた保護者のほうが、その児童については理解しているはずである。そのため、指導に苦慮する場合や、その児童についてより理解したい場合には、遠慮なく保護者に知恵を借りるべきであると考える。実際、保護者からその児童と接する際の留意点を教えていただくことは多かった。また、保護者も担任と同様に困っていることがあれば、それを共有し、発達の課題がある可能性を踏まえて、関係機関等との連携を進めることができる。

授業の場面で保護者に支援をお願いすることも必要である。例えば、家庭科の調理実習や裁縫のミシンの授業などでは、初めて家庭科を指導する教員には自信がないものであるが、都合のつく保護者に授業に入って支援いただくことができれば、より充実した個々の指導を行うことができる。授業以外の活動の場面においても、運動会やプール掃除等の環境整備、校内安全点検等に保護者に支援をいただくと、教員は児童の指導に集中できるし、安全点検などでは保護者の視点での点検ができるというメリットがある。

保護者との連携ではＰＴＡ活動もある。最近は、就労している保護者が多いため、活動への負担感が高く、活動や存在そのものの見直しが進められている学校もある。私が勤務した学校では、いずれも役員等を担っていただける保護者も多く、運動会などの学校行事開催時の支援や、後述する地域の活動への参画をはじめ、登校時の見守り活動や校区内等の安全点検などさまざまな形で学校教育を支援していただいた。

地域との連携

学校・家庭（保護者）・地域が、それぞれ適切な役割分担を果たしつつ、相互に連携することが重要であることはあえて言うまでもあるまい。家庭（保護者）との連携については前述のとおりだが、ここでは地域との連携について触れておきたい。

私が校長として勤務した小学校2校は、いずれも明治初期の創立で140年以上の歴史をもつ伝統校であり、古くからの集落も多く、親子3代以上にわたって本校の卒業生という例も珍しくなかった。創立当時の広大な校区は、その後の新設校の誕生によって縮小はしたが、それでも校区は広大であった。

このような地域であったから、地域のコミュニティ活動が活発であり、私が着任したときには、すでに地域との連携の基盤は整備されていた。校長は地域の各コミュニティ組織の事務局のメンバーの一員であり、地域の子ども同士、子どもと大人、大人同士が交流し合い、「顔と名前の一致する人間関係」を育む中で、0歳から15歳の子どもの連続した成長を見据えた取り組みをすすめることを目的として、平成12年度から中学校区単位に順次設置された「地域教育協議会（すこやかネット）」や、次代を担う青少年の育成及び青少年を取り巻く環境づくりを目的に活動されている「青少年健全育成協議会」の活動も、地域の方が中心となって積極的に営まれていた。

今の学校は地域にさまざまな形で支援していただいている。私が最後に勤務した学校では、地域の農家の方の協力を得て、「学習田」の取り組みを行っており、5年生が水稲の田植え、稲刈りを体験させていただき、収穫した米を調理実習で活用させてもらっていた。他にも1、2年生で行う「玉ねぎ」の植え付けと収穫体験や、地域の老人会の会員手作りのお手玉などをいただいて行う昔遊び体験、4年生で行う校区の名産品である服部越瓜（はっとりしろうり）の粕漬（なら漬）の漬け込み体験や、地域の方をゲストティーチャーとして招いて行う図工の授業や、稲藁でリースやしめ縄などを作成する藁細工体験など、多くの授業を支援していただいていた。また、校区内には限定されないが、地元警察署等の協力による「犯罪防止教室」等の開催や通学路巡回、民間企業による歯磨き指導や情報モラル教室、地元大学の学生による防災教室など、外部人材等による授業を多く取れ入れていた。

さらに、地域のボランティアの方（セーフティボランティア）による登下校時の見守り活動には、30名以上の方に登録していただき積極的に活動をしていただいていた。また、児童の放課後における多様な体験活動を通して地域社会の中で心豊かな人間性を養い、生きる力を育むことを目的として、宿題等の学習活動、スポーツ・文化活動、地域の大人や異年齢との交流等のバラエティに富んだプログラムで活動している「放課後子ども教室」の企画・運営にも多くの地域の方に携わっていただいていた。

一方、学校から児童や教職員が地域の行事等に参加する取り組みも多く行っていた。例を挙げると、地域の祭や、校区のフェスティバル、地域の「敬老の集い」等への出演や、地域の作品展への児童作品の出品などがある。地域行事は休日に開催されることが多いため、さすがに全員参加は困難だが、保護者の了解を得た多くの有志の児童が出演しており、地域住民からの評価はすこぶる高い。教職員の参加については、ボランティアと業務との境界が難しい面もあったが、必要に応じて勤務の振替等で対応した。あるフェスティバルでは、教職員有志のバンドグループによる演奏が披露され、児童、保護者、地域住民に好評であった。

今や、学校は地域の支援・協力なしでは成り立たない。上述した多くの行事や取り組みは、新型コロナウイルス感染症の拡大により中止されたものも多かったが、その間も地域からアルコール消毒液を提供していただくなど継続して支援をしていただいた。この場を借りて、心より御礼申し上げたい。かつて、学校は「閉鎖的」などと言われてきた。今は開かれた学校づくりが基本である。学校側からも積極的に地域と関わっていく取り組みの充実と体制づくりが必要であろう。

追録

「校長室からこんにちは」

「校長室からこんにちは」は、私が校長として勤務した5年間、主として保護者や教職員のみに配布していた印刷物の名称である。原則毎月発行する「学校だより」や「学年だより」とは違い、不定期に発行していた。私が新任校長として最初に着任した学校で、前校長が「校長室からこんにちは」を発行されていたので、それを引き継いだのがきっかけである。

校長は、担任するクラスというものがないので、通常、保護者と直接話をすることはない。そこで、私は「校長室からこんにちは」の紙面に、保護者に伝えたいことや、お願いしたいこと、保護者にご協力していただいたことへの御礼などを掲載していた。特に重点を置いたのは、児童の「安全・安心」に関する話題であった。児童の「安全・安心」は保護者の理解と協力が不可欠であるためである。また、あまり保護者にお知らせする機会のない、教職員が校内で取り組んでいる研究内容や教職員の働き方改革についても広く周知した。さらに、私の思いを少しでもお知らせしたいとの思いで、卒業式や始業式、終業式などで児童に話した祝辞や講話などもできるだけ掲載した。

「校長室からこんにちは」を発行していても、校長から保護者への一方通行だと思っていたが、時折、保護者から感想をいただくこともあり、うれしかった。保護者に校長の思いや願いを伝えることは、校長の重要な仕事であると思っていたが、「校長室からこんにちは」は、その一役を果たしたのではないかと思っている。また、教職員にも配布することによって、教職員にも私の思いを伝え、共有することができた。

以下に、5年間に発行した「校長室からこんにちは」の中から一部抜粋して掲載する。読者の方にも5年間の出来事を共有していただけるものが多いのでないかと思う。

なお、本書に掲載するにあたって、趣旨を変えない範囲で一部を加筆・修正した。

2016（平成28）年

6月

○6月は「子どもの安全確保推進月間」です。

今から15年前の平成13年6月8日に、池田市にある大阪教育大学附属池田小学校において、8名の児童の尊い命が奪われ、15名が重軽傷を負うという事件が発生しました。今の小学生が生まれる以前の出来事ですが、保護者、地域の皆様の記憶には残っておられることと思います。私は、当時小学校の学級担任として勤めておりましたが、連日報道されるニュースを見た児童の不安な気持ちをどのようにケアすればよいのか、また同様なことが発生したら、どのように児童を守ることができるのかと悩んだことを思い出します。現在では当たり前になっている校門での警備員の配置や、校舎内の防犯ブザーの設置などは、この事件の再発防止の願いを込めて整備されてきたものです。最近、研修の場で、当時、大阪教育大学附属池田小学校の教員だった方から「学校の安全体制の確立」について話を聞く機会がありましたが、このような事件の発生を防ぐには、何よりも校内に「不審者」を入れないことが第一であるとおっしゃっていました。

さて、大阪府では、「子どもを守る大人のスクラム」を合言葉に、毎年6月を「子どもの安全確保推進月間」、6月8日を「学校の安全確保・安全管理の日」として、事件を風化させることなく安全確保に取り組むこととしています。本校においても、5月30日には全校で「不審者対応訓練」、6月2日には万が一の事態に備え、教職員で「さすまた」の使用法についての研修を行いました。また、6月4日には、土曜参観とともに、緊急時児童引き渡し訓練を実施いたしました。多数の保護者の皆様にご協力いただきありがとうございました。

○「青少年の非行・被害防止全国強調月間」

学校が夏休みに入る毎年7月が、内閣府が定めた「青少年の非行・被害防止全国強調月間」であることはご存じでしょうか。

本年は特にインターネットを通じた非行及び犯罪被害防止に重点を置き、関係機関・団体のみならず地域の方々の参加も得て、青少年の規範意識の醸成及び社会環境の浄化を図ることなどをはじめとした諸施策、諸活動が集中的に展開されます。

少年非行といえば、中学生や、それ以上の年齢の青少年に関することと思われがちですが、大阪府では、割合としては少ないですが、小学生が刑法犯や特別法犯で検挙・補導されています。高槻市教育委員会では、児童・生徒を「犯罪から守ること」や「非行防止」のために、大阪府警察本部と「児童・生徒の健全育成に関する学校警察相互連絡制度に係る協定」を締結し、7月1日から運用が開始されました。また、高槻警察署に2名のスクールサポーターの方が配置され、市内小学校の登下校時間帯に合わせて各校区内を巡回され、セーフティボランティアの皆様への助言等をされると聞いております。

今年度の重点であるインターネットを通じた犯罪被害防止については、フィルタリング（子どもにとって有害なインターネット上の情報へのアクセスを制限したり、有害なアプリを制限するプログラムやサービス）を利用したり、ご家庭でのルール（使用する時間、個人情報を書き込まない、知らない人とメールなどをしない、有料サイトに接続しないなど）作りを行い、ご家族で共有されることを強くおすすめします。

12月

○ＩＣＴ教育研究発表会を開催しました

11月22日（火）に、本校で教職員を対象としたＩＣＴ教育研究発表会を開催いたしました。「ＩＣＴ」とは「Information and Communication Technology（インフォメーションアンド コミュニケーション テクノロジー）」の略語で、日本では「情報通信技術」などと訳されています。高槻市では平成26年度末までに、小学校コンピュータ室のノートパソコンがタブレット型パソコンへ更新され、教員1人1台のタブレット型パソコン、各普通教室のモニターや校内無線ＬＡＮ等のＩＣＴ機器が整備されました。これらの整備により、各教室や体育館などにタブレットパソコンを持ち出して活用したり、教室で教員のパソコンから児童用のパソコン上に資料を配布したり、教員や児童用のパソコンの画面を教室のモニターに映したりすることなどが可能となりました。

本校は、これらの整備されたＩＣＴ機器を、実際の授業の中でどのように活用すれば効果があるのかを平成27・28年度の2年間、高槻市教育センターから「ＩＣＴ教育推進モデル校」として研究委嘱を受け、「ＩＣＴ機器を効果的に活用した授業づくり」を主題として研究を進めてきました。11月22日は、これらの研究の成果を広く市内の教職員へ報告するための研究発表会でした。この日は、5年生2学級で公開授業を行った後、全体会にて本校教諭による研究発表と、研究を進めるにあたって指導助言をいただいてきた大学教授の講演が行われ、市内小中学校の教員を中心に１００名以上の参加者で学び合いました。本校の児童は、普段から教職員がお互いに授業を参観し合うことが多いため、他の先生に授業を参観されるのには慣れているのですが、当日は、顔の知らない数多くの先生方が参観する中、少し緊張していましたが、友達と協力してタブレットパソコンを使用して、調べたり、話し合ったりして、発表する姿を見せてくれました。

平成32年度から完全実施される次の学習指導要領では、現在、5、6年生で「外国語活動」として実施している英語の授業が、時間数が増えるとともに、「教科」として位置付けられ、あわせて小学校3、4年生には、新たに「外国語活動」の時間が導入される予定です。現在、5、6年生では、主にＡＬＴ（外国語指導助手）と学級担任が2人（ティームティーチング）で授業を行っていますが、今後、教科化に伴い、学級担任が一人で主体的に授業を行い、評価をすることが求められてきますので、学級担任の英語の指導力の向上に向けて教職員研修や校内での研究を進めていくことになります。先日の11月25日（金）に行われた5年生の授業参観では、全３学級で学級担任が「英語」の授業を行いました。ＩＣＴ機器とデジタル教材を活用して、楽しい英語学習の姿をご覧いただきました。

２０１７（平成29）年

３月

○卒業生に贈る言葉

ただ今、１０２名の卒業生に卒業証書を授与いたしました。今年度、本校は、創立１４0周年を迎えましたが、この記念すべき年に、本校の卒業生の総数は1万人を超え、１万32人となりました。この場を借りまして本日お集まりの皆様にご報告させていただきます。

卒業生の皆さん、卒業おめでとう。皆さんは、今日、６年間の小学校の課程を修め、ここに卒業しました。私が皆さんと一緒に過ごしたのは1年間だけでしたが、修学旅行、運動会、磐手祭などの行事では、常に最高学年らしい姿を見せてくれました。６年間の思い出は、のちほど、皆さんから聞かせていただくこととして、まず、私からは二つの話をして、皆さんへの贈る言葉としたいと思います。

まず、一つ目の話です。皆さんが小学校に入学したのは、今から6年前ですが、6年前の平成23年（2011年）の3月11日に、東日本大震災が発生しました。津波で多くの尊い命が失われ、原子力発電所の事故では、現在でも多くの方が避難されておられます。その様子は、先日3月11日のニュースでも報道されていましたので、見た人も多かったと思います。当時のことは、皆さんは入学する少し前でしたので、あまり覚えていないかもしれませんが、その後、本校では防災教育に取り組み、また、修学旅行の取り組みなどのいろいろな場面で、「命の大切さ」を学んできたことと思います。

皆さんには、これからもずっと「命を大切にできる人でいてほしい」と思っています。皆さん一人ひとりの命はかけがえのないものです。誰ひとりとして生きていることに意味のない人はいません。大切な役割を果たすためにこの世に生まれてきたのです。この世に生まれて、今、生かされている命に感謝して、命を大切にしてください。そして、自分の周りにいる人もまたかけがえのない存在です。人の気持ちを理解し、違いを認め合い、お互いにお互いの命を大切にできる人であってください。

二つ目の話は、昨年のお話です。夏にリオデジャネイロでオリンピック・パラリンピックが開催されました。こちらは6年生になってからのことですのでよく覚えていると思いますが、多くの競技や種目で日本人選手が大活躍しました。その中で、私が特に感動したのは男子の4×100メートルリレーでした。100メートルを9秒台で走る選手が1人もいないチームでありながら、37秒68のタイムで銀メダルに輝きました。練習に練習を積み重ね、緻密に計算されたバトンパスの技と、仲間を信じ、ただ前を見つめて走った、すばらしい結果でした。

皆さんも、自分の進む道に向かって、自分にできる精一杯の『準備と努力』をしてください。スポーツでも勉強でも、人は、よりよい成績を求めるものですが、『準備と努力』なしに、よい成績が得られるものではありません。そして、仲間で力を合わせて『準備と努力』をすれば、きっと一人ひとりのもつ力以上の大きな力となることでしょう。

これから先の長い人生では、時には、最善を尽くしても思うような結果が得られないこともあるかも知れません。しかし、それまでの『準備や努力』は、決して無駄にはならず、むしろ人間に、幅と深みを与えてくれるものです。

先ほど、皆さん一人ひとりの決意を聞きました。今日この場で、一人ひとりが自分らしく述べた決意と、私が皆さんに伝えた「命を大切にすること」「準備と努力をすること」を胸にきざんで、本校を巣立ってください。

卒業生の皆さん、これからの皆さんの限りない活躍を期待しています。卒業おめでとう。

5月

○『自転車ルールブック』をお配りしました

先日、児童を通して、『親子で学ぼ♪　小学生と中学生、そして保護者のための自転車ルールブック』をお配りいたしました。

自転車は、日常生活において、通学や通勤、サイクリングなどで利用される便利で身近な乗り物で、幼児から高齢者まで幅広く愛用されていますが、自動車等との事故により自転車利用者が被害を受けることもあり、また、一部の自転車利用者のマナー違反などによる事故が後を絶たず、高額な賠償請求事例も発生するなど、正しく利用しないと、危険な乗り物になる可能性があります。

大阪府では、自転車の安全で適正な利用を促進し、事故を防止するとともに、事故があったときの備えや被害者の保護を目的として、平成28年に大阪府自転車の安全で適正な利用の促進に関する条例（大阪府自転車条例）が施行されました。このルールブックは、その周知と自転車の正しい利用の促進を目的に、大阪府内の小・中学生とその保護者に、大阪府及び大阪府教育委員会により配布されたものです。ぜひ、お配りしたルールブックをお子さまと共に、ご家族みなさんでご覧いただき、自転車の正しい利用について話し合っていただければと思います。大阪府自転車条例では、①交通安全教育の充実、②自転車の安全利用、③交通ルール・マナーの向上、④自転車保険の義務化、などが規定されていますが、特に、自転車保険の義務化については、自転車事故への備えと、被害者の救済を図るため、自転車利用者（未成年の場合は保護者）は自転車保険に加入しなければならないと規定されています。本校でも通勤に自転車を利用する教職員に対して自転車保険の加入を義務付けています。未加入の方には自転車保険への加入を強くお勧めします。

2018（平成30）年

3月

○120％の信頼？　それとも98％の信頼？

この冬は、例年になく寒い日々が続きましたが、弥生3月、ようやく春めいてまいりました。いよいよ今年度も残り少なくなってまいりましたが、今回は、私の経験と、最近、私が聞いた話を紹介したいと思います。

私が以前、ある中学校に勤務していたときのことです。生徒間である事件が起こりました。概要は、3名の男子生徒（加害生徒）が、1名の男子生徒（被害生徒）から複数回にわたって金銭を恐喝し、その金銭で飲み食いやゲームをし、被害生徒が恐喝に応じないときには暴力をふるっていたというものでした。恥ずかしながら教員は誰も気づきませんでしたが、被害生徒が加害生徒にお金を渡すために、家のお金を持ち出したことから発覚しました。早速、複数の教員で手分けして、被害生徒と加害生徒から事情を聞きました。3人の加害生徒のうち2人は事実を認め、また、この2人から、金銭の授受や暴力はないがその場に居合わせた複数の生徒がいたこともわかり、これらの生徒からも事情を聞き、上記の事実の確認ができました。しかし、加害生徒の1人（A君）は、恐喝はもちろん、最初は、「お金を受け取ったことは無い」と話し、つきつめても「お金はあげると言われたのでもらっただけだ」と言い切って恐喝を認めようとしません。学校としては被害生徒とその保護者の了解をいただいていましたので、加害生徒とその保護者から被害生徒とその保護者への謝罪と金銭返還の場を設定する予定でしたが、そうはいきません。A君の保護者に学校に来ていただいて、聞き取った内容と指導の方針を話したところ、A君の保護者は「私は息子を120％信じています。息子はそんなことはしていません。学校は息子を犯人扱いするのですか？」と強く抗議されました。謝罪の場の設定に時間がかかってしまう状況になり、被害生徒の保護者は憤慨されて「警察に被害届を出すことを考える」とまで言われましたが、その後、長期間のやりとりを経て、A君とA君の保護者も事実を認めて謝罪の場が設定でき、何とか解決しました。

さて、話は変わりますが、渡辺和子さんという方をご存知でしょうか？　岡山にあるノートルダム清心女子大学の教授、学長、理事長などを歴任された方なのですが、生前、ご自身の大学の女子学生に次のような話をされていたそうです。

「相手を信じることは大切ですが、98％は信じてよいですが、2％は信じてはいけません。なぜなら、もし、相手が自分の予想外の言動をしたときに、100％信じていたのでは受け入れられません。2％の余裕があるから、相手を受け入れることができるのです」

渡辺和子さんについて詳しくご紹介することは省かせていただきますが、壮絶な生い立ちをされた方ですので、その言葉には重みを感じます。関心のある方は渡辺和子さんについてインターネット等で調べてみてください。

親として我が子を信じることはとても大切なことだと思います。しかし、子どもは、成長する過程で、失敗をしたり、時には過ちをおかしたり、ちょっとした嘘をつくことがあります。大切なことは、子どもがこのようにつまずいたときに、我々大人が正しくフォローして、成熟した大人になるように支援することだと思います。

上記のA君が嘘をついた理由は何だったのでしょうか？ 罰を恐れたからなのか。今までに嘘をついて、ばれなかった経験がそうさせたのか。保護者の120％の期待を裏切りたくなかったからなのか。保護者の皆様はどう思われますか？

7月

○地震、大雨、そして記録的な暑さ

6月18日（月）の朝に大阪府北部を震源として発生いたしました地震により、本市内の小学校の児童をはじめ尊い命が失われ、また、本校区内においても家屋の損壊が発生いたしました。その後、大きな余震もなく推移しておりましたが、7月5日（木）、6日（金）から降り続いた雨は、広島、岡山、愛媛県を中心に豪雨災害を引き起こし、15府県において200名以上の方が死亡、未だに行方不明の方もおられるとのことです。このときの雨

では本校区内においても土砂崩れが発生したとの情報もありました。さらに、梅雨明け以来、連日猛暑が続いており、7月17日（火）には、愛知県において小学校1年生の児童が熱中症にて死亡、その後も最高気温の更新や高齢者を中心に熱中症により命を落とされるというニュースが連日報道されています。連日の猛暑は、地震と大雨に続く第3の「災害」と思っております。地震、水害、猛暑により亡くなられた方々のご冥福をお祈りいたしますとともに、被災され方に対しまして、心よりお見舞い申し上げます。

地震当日の「保護者引渡し」や、PTA学年行事の中止や個人懇談の延期、授業日の延長や水泳指導の中止など、さまざまな予定変更等のお知らせに対し、ご理解をいただきまして本当にありがとうございました。また、地震以来、児童の登下校や、一部地区の通学路の変更に際しましては、保護者、セーフティボランティアの方の皆様に、暑い中、登下校の引率や見守りなどをご支援いただいております。心より御礼申し上げます。

先日、7月20日（金）の登校時間には、高槻市の濱田剛史（はまだたけし）市長が本校を訪問され、暑い中がんばっている子どもたちを激励してくださいました。ご心配をおかけしておりました本校東側のブロック塀については、撤去が終わり、現在、仮の柵を設置しております。

○今こそ、命の大切さと助け合う気持ちの大切さを再確認してほしいと思います

地震直後、高槻市内では断水したり、にごり水となったりしたため、本校にも「給水所」が設置されました。近隣の小中学校にも「給水所」が設置されましたが、本校の「給水所」には、水を求めて、時には50名を超える列ができることもありました。すぐに水がなくなるのですが、「堺市」や「松原市」と記載されたタンク車が何回も来て、水を補ってくださいました。並んでいる列の中には本校の児童もおり、後で聞くと重いペットボトルに入った水を持ってエレベーターの停まっている自宅マンションの高層階まで持って上がったとのことです。地震の直後には、不安を感じていた子どもたちも多かったと聞いておりますが、家族の一員として活躍した子どもたちも多かったと思います。地震からちょうど1週間後の6月25日（月）には臨時の全校集会を行い、児童・教職員全員で、亡くなられた児童をはじめ、地震でお亡くなりになった方への黙祷を行いました。また、不便な生活をしている人や、不安を感じている人もいる、このようなときこそ、「命の大切さ」や「助け合うことの大切さ」をあらためて学んでほしいと子どもたちに話をしました。

12月

○子どもに大切なことを伝えるには

子どもは、自分の思いどおりにならないと、つい相手に手を出して叩いてしまうことがあります。子どもたちには「相手の気持ちを考えましょう」「自分がされたらいやでしょう」「お友達を叩いたらいけません」などと繰り返し伝え、その都度相手に謝って反省はするのですが、また、同じことを繰り返して、「暴力がいけない」ということがなかなか伝わらないことがあります。私は以前の全校集会の際に、次のような話をしました。

「虫歯になったら歯が痛いですね。ケガをしたら血が出て、痛いですね。おなかの具合が悪いときはおなかが痛くなりますね。『痛い』ということは、体が『その部分の具合が悪いので助けてください』というサインです。もし、『痛み』を感じなければ、虫歯はどんどん悪くなって歯が抜けるかもしれないし、ケガや腹痛に気付かずに重い病気になるかもしれません。『痛み』は体が出す『助けてほしい』というサインです。だから、相手を叩いたりして相手に『痛み』を感じさせることは絶対にしてはいけません。」

教員はいろいろなことを子どもに伝えるのですが、なかなか伝わらないことがあります。なので、できるだけ具体的な話をすること、わかりやすい例を挙げることを心掛けています。抽象的な注意や指示では、子どもには伝わりにくいことが多いからです。例えば、「ちゃんと」という言葉はどうでしょうか。「ちゃんと食べなさい」と子どもに言っても、子どもには伝わらず、子どもはどうしたらいいのかわからない場合があります。ごはんをこぼしているのか、よそ見をしているのか、残しているのか、ふざけているのか…「ちゃんと食べなさい」では伝わらなくても、「こぼさないように食べましょう」「前を向いて食べましょう」というように、そのときに注意すべきことを具体的に示すと子どもに伝わることが多いです。「ちゃんと」という言葉はとても便利ですので、大人は状況や内容は違うのに「ちゃんと」という言葉に、わかってくれるだろう、意思は通じるだろうと期待をこめて多用してしまいがちです。年末年始、ご家族で過ごされる時間も多いと思います。伝え方に少しの配慮をして、子どものコミュニケーションを楽しんでみてはいかがでしょうか。

2019（平成31・令和元）年

3月

○卒業生に贈る言葉

卒業生の皆さん、卒業おめでとう。私が皆さんと共に、本校で過ごしたのは3年間でした。3年前の「二分の一成人式」で、10歳での決意を立派に発表した皆さんが、その後、高学年となり、毎日の授業に前向きに取り組んだり、運動会で活躍したりしている姿を見て、とても頼もしく思っていました。また、修学旅行で共に過ごしたのもよい思い出です。先ほど、皆さんの宣言を聞き、皆さん一人ひとりの、将来への夢や希望、こんな大人になりたい、あんな職業につきたい、という思いがよく伝わってきました。

さて、皆さんが大人になって活躍する社会とは、どのような社会なのでしょうか。「ソサエティ（society）5・0」という言葉を知っていますか。「ソサエティ」とは「社会」という意味で、「5・0」とは「5番目」を意味します。社会科で学習したと思いますが、大昔の人類は狩猟（狩り）をして生活していました。このような狩猟社会を「ソサエティ1・0」といいます。やがて人類は、畑や田んぼで作物を育てて、収穫した作物を蓄えて、少しずつ食べて生活できるようになりました。このような農耕社会が「ソサエティ2・0」です。やがて、人類は機械を発明して、工業が発展しました。このような工業社会が「ソサエティ3・0」。そして今、私たちが生活している現在の社会が「ソサエティ4・0」です。

では、「ソサエティ5・0」とはどんな社会なのでしょうか。ある資料によると、「身の回りのものがすべてインターネットとつながり、人工知能などの最新テクノロジーを活用した便利な社会」と書かれていました。例えば、人工知能の発達で、自動車は自動運転になり、店員さんのいないコンビニで、必要な商品を手に取って店を出れば、自動的に銀行口座から代金が支払われるようになり、また、欲しいものをインターネットで注文すれば、ドローンが家まで届けてくれるようになるかもしれません。

夢のような「社会」と思うかもしれませんが、一方では人口減少などが進み、予測困難な時代になるともいわれています。また、「ソサエティ5・0」が、一人ひとりが快適に暮らせる社会になるためには、解決しなければならない課題がいくつもあります。世界中には、紛争が起きて避難をしている人や、いわれなき差別を受けている人がいます。食べ物がなく飢えている人や病気で苦しんでいる人もいます。日本国内でも、地震や津波、台風などによる影響で避難生活をしている方がおられます。昨年の地震や台風による停電や断水などで困ったことは、私たちも経験しましたね。

では、どうすればいいのでしょうか。「こうすればよい」という特効薬のような話をすることはできません。ただ、皆さんは、本校で、「命を大切にし、互いの人権を認め合う態度」と「確かな学力を身につけ、ねばり強くやりとげる力」を身につけてきました。小学校で学んだことは、中学・高等学校や大学で学ぶような高度で専門的なことではありませんが、学習の基礎基本、事の善悪や命の大切さ、助け合ったり、粘り強く頑張ったりすることの大切さなど、人間として備えておくべき多くの大切なことです。

これから先の人生において、時には、課題に直面することや困ったことがあるかもしれません。そんなときは、小学校で学んだ大切なことや共に学んだ友達のことを思い出してください。その中に、きっと解決の方法を見つけ出すことができると思います。

卒業生の皆さん、今年の5月には、平成から「新しい時代」にかわります。そして来るべき「ソサエティ5・0」は、まさに皆さんの時代です。皆さんの限りない活躍を期待しています。卒業おめでとう。

6月

6月に入り、新年度が始まって早2か月が過ぎました。1か月前には、史上初といわれる10連休があり、5月1日には新天皇が即位され、「令和」という新しい時代を迎えましたが、同じ5月1日は本校の創立記念日でもありました。本校は明治10年(1877年)

の創立ですので、明治、大正、昭和、平成を経て、今年で１４２年目を迎えました。私は着任以来、まだ2か月余りですが、その間に多くの保護者や地域の皆様に、本校を支援していただいていることを改めて感じております。子どもたちと共に、この歴史と伝統のある本校で過ごせることを誇りに思い、うれしく思っております。

○安全・安心な学校づくりをめざして

先日、6月1日（土）の授業参観と引き渡し訓練には、お忙しい中、多数の保護者の皆様にご来校いただきありがとうございました。まもなく、6月18日を迎えます。昨年の6月18日午前7時58分には本市を震源とする震度6弱の地震が発生し、市内の小学校においてブロック塀の倒壊により児童の未来あるかけがえのない命が失われました。このことを重く受け止め、二度とこのような痛ましい事故を起こさぬよう決意をしているところです。本校でも屋上水槽が損壊するなどの被害がありましたが、これらはいち早く復旧し、危険度の高いブロック塀の撤去と新設も完了しておりますが、今後は、正門両側のブロック塀とフェンスについても、撤去し、設置しなおすとの連絡を高槻市教育委員会より受けております。工事期間等が決まりましたら、お子様を通してお知らせいたします。

なお、今年の6月18日には防災無線による「緊急地震速報」の訓練も実施されることから、担任より「地震の際の身の守り方」等を指導いたします。

○教職員の「働き方改革」に取り組んでいます

最近「働き方改革」が話題になっておりますが、学校においても、教員が自らの授業を磨くとともに、子どもたちに対して効果的な教育活動を行うことができるようにすることを目的として、「働き方改革」を進めています。具体的には、本校では原則として毎週水曜日を定時退勤日（ノー残業デー）とし、勤務終了後すみやかに退勤させていただくこととしております。

また、昨年度から市内全小中学校で実施しております夏季休業中の「学校閉庁日」については、今年度は8月13日（火）、14日（水）の2日間といたしますので、お知らせいたします。教員が元気に笑顔で子どもたちの前に立てるよう、ご理解、ご協力をお願いいたします（学校閉庁日には、学童保育室は開室いたしますが、学童保育室利用児童とその保護者等以外は入校できません）。

7月

○明日から夏休みです

昨年の今頃は、地震や大雨による臨時休業を補うために、臨時の授業日を設定したり、危険なほどの猛暑が続き、プール登校日が中止になったりするなどの対応に右往左往しておりましたが、今年は、梅雨入りが遅く、7月に入っても朝夕は比較的涼しく、今までのところ危険なほどの猛暑の日もありません。とは言いましても「夏」ですので、梅雨明けとともに、急に暑くなることも予想されます。「暑さ慣れ」をしていないだけに、熱中症にはくれぐれもご注意ください。

さて、去る7月11日（木）と12日（金）には、今年度から、新たに彦根・近江八幡方面に行先が変更となった5年生の林間学校が無事に終了しました。1日目は雨のためにプログラムが一部変更となりましたが、2日目は良い天気となり、琵琶湖岸での「いかだ作り」体験に元気いっぱい取り組みました。

また、7月9日（火）には、「学校給食高槻産農産物の日」交流試食会が本校で開催されました。当日は、学校給食の食材を学校に提供していただいている市内の生産者の方々や、ＪＡたかつき、大阪府北部農と緑の総合事務所の方、そして、市長、教育長をはじめ、高槻市、高槻市教育委員会から多数の方をお招きして、4年生全員と共にランチルームで給食をいただきました。献立は、高槻産米「ひのひかり」のごはん、高槻産の玉ねぎ、ジャガイモが入った味噌汁、高槻産のシイタケが入った「ひじき煮」などで、生産者の方との話が盛り上がり、子どもたちからは「おいしかった」「いつもよりたくさん食べた」といった声が聞かれました。

10月

○「品位」「情熱」「結束」「規律」「尊重」

今、日本でラグビーワールドカップが開催され、盛り上がっています。日本チームは予選リーグで4連勝し、決勝トーナメントに進出しました。ラグビーというスポーツは誰でも聞いたことはあるのですが、詳しいルールは知らないし、テレビで試合中継を見るのは、今回が初めてという人も多かったのではないでしょうか。私もその一人でしたが、この機会に少し調べてみて、ラグビーには、「5つの精神（価値）」というものがあることを知りました。それがタイトルに示した「品位」「情熱」「結束」「規律」「尊重」です。この「5つの精神」はラグビーに限ったことではなく、広く人が大切にしなければならないことであり、ぜひ子どもたちにも伝えたいと思い、前回の全校集会で紹介しました。以下は、子どもたちに紹介した内容です。

1つ目は「品位」です。少し難しい言葉ですが、誠実さ、心の高さとでもいったらいいと思います。例えば、ずるい気持ちを持ったり、ほかの人にいやな思いをさせたりせずに、あいさつなどがしっかりできる、といった意味です。

2つ目は「情熱」です。これは、ラグビーに向かう熱い思いということです。皆さんが運動会に向かってがんばった気持ちと同じです。

3つ目は「結束」です。ラグビーワールドカップでは1チーム15人で試合をします。この15人がバラバラでは試合に勝てません。15人が信頼し合って一つになること、つまり団結することですね。運動会の皆さんの演技で、皆さんが団結していたのと同じです。

4つ目は「規律」です。これはルールを守るということです。スポーツには野球でもサッカーでも、そしてラグビーにもルールがあります。これを守るということです。運動会の競技にもルールがありましたね。学校生活にもルールがあり、これを守ることが楽しく安全な学校生活につながります。

最後の5つ目は「尊重」です。尊重とは大切に扱うことですね。ラグビーでは、同じチームの仲間、相手チームのメンバー、審判や試合を見ている人、すべての人を尊重することが最も大切であると言われています。みなさんも、お友達や先生、おうちの人、身の回りの人を大切にしてほしいと思います。

12月

○今年のニュースを振り返って

年末になりますと、例年「今年の○大ニュース」といった報道がなされます。盛り上がったワールドカップラグビーや吉野彰氏のノーベル賞受賞はうれしいニュースですが、残念なニュースもたくさんありました。その中で、子どもの安心・安全に関係する2つのニュースを振り返りたいと思います。

まず、1つ目は「児童虐待」に関するニュースです。1月に千葉県野田市で小学校4年生の女児が父親から耳をふさぎたくなるような虐待を受け死亡した事件には本当に心が痛みました。そして2つ目は、11月に大阪の小学校6年生の女児がスマートフォンのSNSで知り合った男に誘い出され、栃木県で無事に保護された事件です。

千葉県の事件で、この女児の命を救えなかったのは、学校と行政（教育委員会）と児童相談所等の連携が不十分であったことも要因の一つであると指摘されています。学校は、「児童虐待の防止等に関する法律」により、児童虐待の早期発見の努力義務と、児童虐待を受けたと思われる児童を発見した場合の関係機関への通告義務が課せられています。「児童虐待を受けたと思われる」とは、例えば、身体にあざやケガの跡などがある場合、あまりにも季節に合わない服装をしていたり、不衛生な衣服を連日着用したりしている場合、また、食事や入浴をしていない、欠席が続いていて家庭訪問をしても児童と会うことができないといった場合などをいいます。これらが「児童虐待」に当たるかどうかは個々の判断となりますが、児童虐待の可能性があると判断した場合は、教育委員会や関係機関と連携の上、学校として、ためらわずに関係機関（子ども家庭センター等）への通告をすることとしています。

スマートフォン等の使い方については、今年度、本校では4～6年生対象に「スマホ教室」を開催しました。また、5・6年生の「非行防止教室」や「犯罪防止教室」でもスマホの使用上の留意点や、SNSは、使い方によっては加害者にも被害者にもなりえることについても指導しているところです。SNSとはソーシャルネットワークサービスの略で、文字のやり取りをするものや、画像・動画サイトがあり、ゲームアプリでも不特定多数の人とつながることができます。保護者の皆様には、万が一にもお子様が被害を受けることが無いよう、お子様がスマホ等を使用されている場合は、使用実態を把握し、注意されますようお願いいたします。有害サイトに接続できないようにするフィルタリング機能を活用されることもお勧めします。

2020（令和2）年3月

○卒業生に贈る言葉

弥生3月、桜の開花の便りも届く今日のよき日に、本校、令和元年度卒業式を多くの保護者の皆様のご臨席を賜り、今日、ここに挙行できましたことを、本当にうれしく思うと同時に、今、ここにお集まりのすべての皆様への感謝の気持ちでいっぱいです。

ただ今、卒業生に卒業証書を授与いたしました。１０６名の卒業生の皆さん、卒業おめでとう。

私からは、今日、本校を巣立ち行く皆さん一人ひとりにぜひ身につけてほしい一つの「能力」を紹介して、「贈る言葉」としたいと思います。それは、「学力」でも「体力」でも「コミュケーション力」でもありません。もちろん、これらの能力も、とても大切なのですが、私が、今日、ここで紹介し、ぜひ身につけてほしい能力は「レジリエンス」という能力です。

今日はじめて聞いたという人もいるかもしれませんが、「レジリエンス」とは「逆境に負けない力」という意味です。「精神的回復力」とか「復元力」などとも訳されますが、要するに、「いろいろな困難や試練に直面したときに、その困難な状況から粘り強く立ち上がろうとする力」のことです。私は、皆さんに、ぜひこの「レジリエンス」を身につけておいてほしいと思います。

3週間前の2月28日(金)に、突然、新型コロナウイルスによる感染症の拡大防止のために3月から臨時休業となることをお知らせしました。皆さんが5年生のときも、地震や台風で数日間の臨時休業になりましたが、このような長い間、それも卒業式の前なのに、どうなるのだろうと不安になったことと思います。しかし、振り返ってみると、25年前の阪神・淡路大震災のときや、9年前の東日本大震災のときにも、実は、長い間、学校が避難所になったり、学校そのものが危険で使えなかったり、原子力発電所の事故のために住んでいる地域に住めなくなったりして、長い間学校に通えなかったたくさんの子どもたちがいたのです。また、世界中に目を向ければ、戦争や貧しさのために学校に通っていない多くの子どもたちがいるのが現状です。

今、ここで卒業式をしている間も、新型コロナウイルスによる肺炎で苦しんでおられる方、その方を懸命に治療されている医師や看護師の方や、感染の拡大を防ごうと必死にがんばっておられる方がおられます。残念ながら、感染された方への差別的な言動や、いわれのないデマが流れるということも起こっていますが、今まで、学校に行くのが当たり前だった皆さんには、今の現実にただ不満を述べるのではなく、今こそ、正しい情報を選び、よく考えて行動するとともに、学校に行く意義や目的を改めて考えることができる機会であるととらえてほしいと思います。今のような苦しいときこそ、先ほど話をした「レジリエンス」を発揮するときです。4月からは中学生です。新しい環境での生活となりますが、元気に学校に通い、よく学び、クラブ活動で汗を流し、そしてお互いを尊重しあって楽しく有意義な中学校生活を送られることを期待しています。卒業おめでとう。

4月

○令和2年度がスタートしました。今年度もどうぞよろしくお願いいたします

新型コロナウイルス感染症の拡大に伴う「緊急事態宣言」が発令され、外出自粛が要請されるなど緊迫した状況が続いておりますが、4月7日の入学式にてピカピカの新入生を迎え、今年度進級いたしました児童とあわせて、児童数630名にて令和2年度がスタートいたしました。教職員一同、力を合わせて教育活動に取り組んでまいりますので、引き続き保護者の皆様のご理解、ご協力をお願いいいたします。今年度の学校教育目標・重点取り組み等ついては、次号にてお知らせいたします。

現在、5月6日までの臨時休業が継続中となっております。今後は、遅れております授業時数の確保のため、大幅な予定変更が見込まれますのでご了承ください。4月に予定しておりました行事等はすべて中止または延期とさせていただきます。現時点では1〜4年生と6年生の春の遠足の中止と、7月に実施予定の5年生の林間学校の夏休み明け以降の延期を決定しております。また、現時点での5月の予定は裏面に掲載しておりますが、あくまでも5月7日以降、学校が平常どおり再開できた場合を前提としておりますので、変更が生じた場合は、今までどおりメール配信システムにてお知らせいたします。メール配信システムに未登録の方は早急に登録をお願いいいたします。

6月

○授業再開となりました

新型コロナウイルス感染症の拡大により、1年生は入学式以来、2〜6年生は昨年度の3月から3か月にわたり臨時休業を続けてまいりました。本日から、まだ今後2週間は午前登校、午後登校に分かれての分散登校となりますが、全学年で授業再開となりました。臨時休業期間中、保護者の皆様には、昨年度末の「あゆみ」(通知表のこと)や荷物等の引き取りや、今年度当初の教科書、図書カード等のお渡しなどで何回も学校にお越しいただきました上に、メールやホームページによりさまざまなお願いをさせていただきましたが、その都度ご理解、ご協力をいただきましたことに心より御礼申し上げます。

多くの子どもたちは5月14日から登校し、少しずつ学校に慣れてきておりますが、毎日の登校が始まり、また暑くもなってきますので、お子様の体調管理等について、どうぞよろしくお願いいたします。

さて、緊急事態宣言も解除され、社会ではさまざまな自粛が解除されつつありますが、一方で「新しい生活様式」が提唱されております。学校におきましても、分散登校の間に「新しい学校での生活様式」について指導を行い、6月15日(月)からの一斉授業の開始に備えてまいります。子どもたちにとって、「新しい学校での生活様式」は少し窮屈で面倒な面もあり、保護者の皆様にもお手数をおかけすることとなりますが、自分と家族、友達を守るための取り組みですので、ご理解、ご協力をお願いいたします。

10月

○運動会には多数、ご来校いただきありがとうございました

新型コロナウイルス感染症による臨時休業で始まった今年度も、本日、前期の終業式を迎えることとなりました。運動会は、2学年ごとの分割開催とさせていただき、また、5・6年生の部は雨のために延期となりましたが、多数の保護者の皆様が見守る中、児童たちの練習してきた演技や走を見事に披露させていただくことができました。「運動会」ではなく体育の授業参観形式で開催される学校も多くありましたが、本校では、分割開催ではありましたが、内容はほぼ例年に準じた内容で取り組むことができました。保護者の皆様には、分割開催や来校人数の制限、検温、入場証の提出等いろいろとご不便をおかけいたしましたが、ご理解、ご協力いただき本当にありがとうございました。また、PTA役員・委員の皆様には準備・受付・駐輪場誘導等でお世話になりました。御礼申し上げま

す。

さて、大阪府の新型コロナウイルス感染症の状況については、現在も連日感染者が判明しておりイエローステージが継続しています。引き続き新しい生活スタイルを取り入れて、感染対策をとった上で、教育活動を続けていきます。

2021（令和3）年

3月

○卒業生に贈る言葉

弥生3月、桜の開花の便りも届く今日のよき日に、本校、令和2年度卒業式を多くの保護者の皆様のご臨席を賜り、ここに挙行できましたことを、本当にうれしく思うと同時に、今、ここにお集まりのすべての皆様への感謝の気持ちでいっぱいです。ただ今、卒業生に卒業証書を授与いたしました。122名の卒業生の皆さん、卒業おめでとう。

私が皆さんと本校で過ごしたのは2年間でしたが、特に、6年生の1年間は、新型コロナウイルス感染症の拡大に伴う臨時休業から始まり、修学旅行などの多くの行事の中止や縮小、短い夏休み、マスクの着用、ソーシャルディスタンスの確保の徹底など、「逆境」、つまり苦労や困難の中での毎日であったと思います。

実は、人類は昔から、感染症と戦い続けてきたのです。例えば、約100年前には「スペイン風邪」、約200年前には「ペスト」という病気が、世界的に流行したという記録が残っています。しかし、人類は知恵を出し合って、優れた薬やワクチンを開発するなどして、これらの病気を克服してきました。今、厳しい状況である新型コロナウイルス感染症についても、ワクチンの接種が始まり、治療薬が開発されるなどして、一日も早く収束することを心から願っています。

ところで、今から約200年前、ドイツにゲーテという詩人がいました。「野ばら」や「魔王」といった詩が有名ですが、彼は、「逆境に打ち勝つただ一つの方法は、新たに生み出した活動を行うことである」という言葉を残しました。

皆さんは、授業が再開後、まだ委員会活動ができないときに、自主的に、校内放送や、せっけんやトイレットペーパーなどの補充活動をしてくれました。これらはまさしく「新たに生み出した活動」でした。小さいことだったかもしれませんが、皆さんは、自ら逆境に打ち勝つ方法を見出していたのです。できないことに不満をぶつけるのではなく、できることを新しく考え出したことは素晴らしかったです。

みなさんは、これから長い人生を歩んでいきますが、その中で、何か困難なことに直面したとき、小学校六年生のときに、仲間と共にコロナという逆境に打ち勝ったことをぜひ思い出してください。困難に打ち勝つ自信につながることと思います。

さて、保護者の皆様、お子様のご卒業、誠におめでとうございます。大切なお子様をお預かりした6年間、何かと至らぬ点があったことと思いますが、本校の教育活動を、いつも温かくご支援・ご協力いただきましたことに対して、心からお礼申し上げます。特に最高学年のこの1年間は、昨年度から続く臨時休業でスタートし、諸行事を中止、縮小せざるを得ないなど、感染対策と教育活動の両立に苦慮した1年間でした。そのため、お子様の成長の記録が、この1年間だけポッカリと空白になったと感じておられる方も多いと思いますが、子どもたちは間違いなく、この1年間で大きく成長いたしました。ここにご報告させていただきますとともに、今日の卒業式において、感じていただけるものと思っております。

お子様は本校を卒業いたしますが、これからも、お子様の母校を引き続きご支援いただければ幸いでございます。

卒業生の皆さん、卒業おめでとう。

あとがき

「やってみせ、言って聞かせてさせてみて、ほめてやらねば人は動かじ」

この言葉は、旧日本海軍の連合艦隊司令長官を務めた山本五十六の言葉であり、私の好きな言葉である。戦前の軍人の言葉が好きであるということでお叱りをうけるかもしれないが、戦前の、それも海軍の連合艦隊という軍隊組織のトップまで務められた職業軍人の言葉であることに正直、驚きを感じる一方、どのような組織であろうとも、組織のトップが絶対に忘れてはならない姿勢が述べられている言葉であると思う。組織の中でも特に軍隊の中では、上官の命令一つで物事が進むものと思い込んでいた。もちろんそのような場面が多かったのであろうが、自らが手本を示し、説明したりほめたりするというコミュニケーションの大切さは、いつの時代でも組織の長として必要なのであろう。単に上司が命令して部下が行動するのではなく、上司と部下とは立場は違うが、協働して物事を遂行することの大切さが凝縮された言葉である。

実は、恥ずかしながら、私は長らく、山本五十六のこの言葉は、これだけであると思い込んでいた。しかし、校長になってまもなく、以下に記す「続き」があることを知り、さらに驚いた。

「話し合い、耳を傾け、承認し、任せてやらねば人は育たず」

「やっている姿を感謝で見守って、信頼せねば人は実らず」

この「続き」には、人を育てるためには、「話し合い」「耳を傾け」「承認し」「任せる」必要があり、「感謝の気持ちで見守り」「信頼すること」によって人は実る（成果を生み出す）ということが記されている。

連合艦隊司令長官と比べるのは誠に僭越ではあるが、校長も学校という組織のトップであり、その組織には多くの教職員という所属職員がいる。校長自らが動き、教職員とコミュニケーションを取って教職員に業務を担わせ、ほめれば、自信がついて進んで行動する。校長が教職員とのコミュニケーションを大切にして、声に耳を傾け、そして一人ひとりを認め、任せることによって教職員は育つ。そして、校長が常に感謝の気持ちで教職員を見守り、信頼することによって教職員は実力をつける。

本書では私が校長として過ごしてきた5年間の取り組みや心掛けてきたことを述べた。退職してから、時間を見つけ、思い出しては少しずつ記してきた。本書の内容は特別なことではないかもしれない。しかし、こんなことはどこの校長でも取り組んでいる当たり前のことであると思われる方が多ければ、私は嬉しい。本書を読まれて少しでも参考になったと思われた方には、学校づくりのために本書のエキスの部分を自分なりに工夫して実践してほしいと思う。子どもと教職員の笑顔があふれる学校が増えることを心より願っている。

2022年7月

水野　雅友

【著者紹介】

水野 雅友（みずの・まさとも）

1984年、大阪教育大学教育学部 小学校教員養成課程理科専攻卒業。
高槻市立小学校、中学校計５校で教諭として22年間勤務の後、高槻市教育委員会事務局にて指導主事、管理主事等として10年間勤務。うち７年間は教職員人事に携わる。高槻市教育センター所長を最後に学校現場に戻り、高槻市立小学校２校にて校長として勤務。この間には高槻市立小学校長会の会長も務め、2021年３月定年退職。

校長の仕事
子どもと教職員の笑顔のための学校づくり

2022年12月28日　初版第１刷発行

著　者——水野雅友
発行者——安部英行
発行所——学事出版株式会社
〒101-0051　東京都千代田区神田神保町1-2-5
TEL：03-3518-9655
URL：https://www.gakuji.co.jp

編集担当　丸山英里
編集協力　古川顯一
装丁　株式会社弾デザイン事務所
印刷・製本　精文堂印刷株式会社

ISBN978-4-7619-2887-2　C3037